基金定投聊通透

威尼斯摆渡人 著

深圳出版社

图书在版编目（CIP）数据

基金定投聊通透 / 威尼斯摆渡人著. -- 深圳 : 深圳出版社, 2025. 3. -- ISBN 978-7-5507-4209-3

Ⅰ. F830.59

中国国家版本馆CIP数据核字第20256KY950号

基金定投聊通透
JIJIN DINGTOU LIAO TONGTOU

责任编辑	简　洁
责任校对	万妮霞
责任技编	郑　欢
封面设计	见　白

出版发行	深圳出版社
地　　址	深圳市彩田南路海天综合大厦（518033）
网　　址	www.htph.com.cn
订购电话	0755-83460239（邮购、团购）
设计制作	深圳市龙瀚文化传播有限公司 0755-33133493
印　　刷	中华商务联合印刷（广东）有限公司
开　　本	787mm×1092mm　1/16
印　　张	15.5
字　　数	206千
版　　次	2025年3月第1版
印　　次	2025年3月第1次
定　　价	78.00元

版权所有，侵权必究。凡有印装质量问题，我社负责调换。
法律顾问：苑景会律师 502039234@qq.com

本书观点均为作者个人投资研究分享，数据均取自公开渠道，不保证其原始数据的准确性，过往数据并不代表对未来的收益预期和承诺，仅供读者参考。文章中的观点并不构成具体的投资建议，也不代表作者所服务的机构观点。建议大家充分结合自身风险承受能力及对投资的认知程度，合理安排资金进行资产配置，理性投资。投资有风险，入市须谨慎。

序　言

从巴菲特开始聊聊我对于普通人投资的思考

巴菲特可以说是一个投资界的神话，而价值投资则是巴菲特最重要的一个标签。巴菲特几十年如一日地坚守了自己的投资理念，面对千变万化的市场，坚持"不懂不做"，这一点我非常认同和佩服。

每个人都有自己的能力和认知边界，赚自己有把握赚的钱，这一点每一个投资者都要牢记于心。

巴菲特是投资界的一个标杆，他的投资理念在全球有着无数的拥趸。但是知易行难，如何结合市场实际情况和个人特质进行正确的投资，是我们需要在实践中不断探索总结的。

我的工作让我有机会面对广大的 C 端普通投资者，所以我一直强调的观点是：我们不能总是想着在市场上做到极致，希望"吃完一整条鱼"。作为普通人，我们应该在投资前设定合理的收益预期，在市场中获得属于自己的那份合理收益就可以了。

我们大部分人都不是专业的投资者，有自己本来的生活，有自己的本职工作，投资只是为了让自己的生活变得更加美好，千万不要让投资成为生活的负担，否则就得不偿失了。

对于普通的投资者，巴菲特的理念非常有价值：指数基金是一个非常好的投资选择，如果选择定投并做好止盈，那么长期坚持下来，获得超过大部分投资者的收益，应该是大概率的事情。

我们的投资动作要有纪律性，而且要尽可能简单。只有简单的事情，才有可能被长期地坚持 —— 这是我这些年一直在和广大的中小投资者强调的观点。

关于巴菲特，我也会经常被人问到下面几个问题：

- 问题一　巴菲特为什么呼吁别人投资指数基金而自己却不买？

巴菲特在历年股东大会以及致股东的信中，不下十次推荐普通投资者进行指数基金的投资。

指数基金的魅力是什么？指数基金本质上就是要取得市场的 β 收益，获取市场的平均收益。

在市场中，尤其是非有效市场中，专业投资者可以通过自己的研究，来获取超越市场的 α 收益，这是专业的价值所在。

但是参与市场的普通投资者，绝大多数是没有经过专业的投资训练，也没有足够的时间和精力来研究市场、缺乏专业的研究框架和逻辑的人群。

在我国，中小投资者在投资者中的占比更是惊人。2018年9月，在首届中小投资者服务论坛上，时任证监会副主席阎庆民公布了一组数据："我国有1.42亿投资者，其中95%以上为持股市值在50万元以下的中小投资者。"

中小投资者在技术、信息、投资纪律性方面和专业（机构）投资者相比，全面处于劣势。所以我们在A股看到最多的就是追涨杀跌、听消息炒作题材股、盲目加杠杆博收益、7亏2平1赚等各种现象。

中小投资者通过投资指数基金，来获取市场的平均收益，就足以战胜市场上绝大多数的投资者了。

巴菲特作为专业的投资者，拥有获取超越市场平均收益的能力，他过去几十年的优秀历史业绩也说明了这一点。所以他自己不买指数基金是很正常的选择。

● 问题二　价值投资遭遇黑天鹅是否就会失灵？

价值投资的定义究竟是什么？价值投资是要求参与资本市场的投资者，用实业投资的思维来衡量自己的每一笔投资。其投资思维模式是：每一笔投资都应该把自己当成目标企业的长期股东，以获得未来长期稳定的现金流回报作为基本考量。

所以价值投资不是短期的，获取短期的价差收益不是主要的投资考量。

"便宜买好货",应该是价值投资者的信条。那么从这个角度来说,价值投资者要主动抓住未来的良好机遇。

各种"黑天鹅"事件,对资本市场造成了非常大的冲击。比如巴以冲突、俄乌冲突等等。

在初期,黑天鹅对于市场的冲击是无差别的,在全市场恐慌尤其是流动性恐慌的情况下,好公司差公司的股票全部都出现了暴跌,甚至于市场上的债券、黄金等所有的资产全部都出现剧烈的波动。但这是暂时的,是短期的,在黑天鹅所形成的各种不确定性逐步变得确定,全球各国针对突发事件做出政策应对之后,不同类别的资产定价会慢慢恢复。

而度过了前期的恐慌之后,突发的"黑天鹅"事件会给未来长期的经济格局、行业前景带来怎样深层次改变?这才是价值投资者要去真正考虑的问题。有哪些行业、公司在突发事件的影响下会加快退出市场的速度?哪些行业、哪些公司在这个过程中获得了新的发展机会?哪些行业、哪些公司明显是被市场情绪误杀,已经获得非常好的长期配置价值?

每一次的危机,往往是新一轮行业洗牌的开始。优秀的价值投资者在危机中更加能够通过自己的专业研究能力和战略投资定力,找出更有价值的投资标的,危中取机,为未来的长期投资做好布局。

- 问题三 投资中哪些是正确的事,如何把正确的事做对?

投资前,做好自己以及投资标的的风险评估,这是最重要的事情。

投资要获得成功，最重要的是要有良好的心态。大部分人亏损都是因为在市场的波动中，心态出现了问题，导致投资动作变形，最后小亏变大亏。我们只有正确认识自己的风险承受能力，不做超出自己风险承受能力的投资，才能有平稳的心态。对于投资的标的，我们也要进行风险评估，了解清楚投资的底层资产和产品结构，"不懂不做"非常重要。2020 年的原油宝、原油基金，2015 年股市严重动荡期间的分级基金都是最典型的反面案例。

投资中，纪律是最重要的事情。

我们在开始投资之前，就应该要设定合理的投资纪律，并在投资的过程中真正去落实这些纪律。包括：止盈、止损、投资周期、相关资产的配置比例以及动态调整周期等等。做好预案，提前制定大框架的投资纪律，遇到市场的突发极端变化，再适度进行调整，保证投资动作不变形。

同时，要在投资过程中不断总结，不断完善自己的投资逻辑，丰富自己的投资认知体系。

- 问题四　投资中知行不合一怎么办？

知行不合一是大部分普通投资者的常态。说到底，还是因为心态和认知能力的问题。所以要解决这个问题，不是一朝一夕的事。正确认识自己，可能是解决这个问题的根本。而且大部分人，都是知易行难——说起投资头头是道，真正操作起来，顾此失彼，心态崩盘。

对于普通的中小投资者，我的建议是：认清自己的能力边界，不懂不做，

做最简单的事情，赚最省心的钱。

我们不是专业的投资者，我们也没有必要变成专业的投资者，或者说我们的现实情况决定了我们没有办法变成专业的投资者。

所以，我们只赚我们认知能力边界内的钱，把专业的事情交给专业的人去做。合理评估自己的风险承受能力，做好资产配置，通过专业机构的产品，搭配出适合自己的长期稳定向上的收益曲线。留出更多的时间和精力，去过好自己的生活，经营好自己的人生。

目录 Contents

一 Chapter 1

- 为什么我喜欢基金定投，并愿意给身边的朋友们推荐基金定投　002
- 我的定投初始经验　013
- 到底什么是基金定投　022
- 为什么定投比较容易赚到钱　027
- 定投能够赚大钱吗——定投和复利的真相　031
- 定投和一次性投资的比较　041

二 Chapter 2

- 定投什么时候开始比较好　054
- 三个不同的定投人　060
- 定投需要长期持续吗　064
- 定投到底能赚到多少钱　071
- 做基金定投的心态　081
- 定投的"微笑曲线"　088
- 定投最不能犯的错误是什么（定投要止损吗）　093
- 定投在哪个平台做最合适　099
- 定投该选什么产品　104
- 定投选指数基金、ETF、ETF联接还是指数增强　111
- 关于指数基金的两个补充知识　120
- 关于指数基金的样本股调整　127

- 定投选择宽基指数还是窄基（行业）指数　　133
- 定投每期扣款多少比较合适　　139
- 基金定投该选择哪种分红方式　　144
- 周定投，周几扣款比较好？月定投，月末还是月初扣款比较好　　151
- 定投的资金使用效率问题　　159

三 Chapter 3

- 定投止盈的方法　　168
- 定投止盈聊通透　　178
- 定投的钝化效应　　203
- 普通定投和进阶定投　　209
- 估值概念基础　　214
- 估值分位和进阶定投的纪律设定　　226
- 指导投资的利器——股债风险溢价指标　　232

Chapter 1

Chapter 1
为什么我喜欢基金定投，并愿意给身边的朋友们推荐基金定投

市场上流传着这样一句话：定投，几乎是散户能够赚钱的唯一一种投资方式。

这句话到底对不对呢？

要回答这个问题，我们首先必须要了解，中国的普通投资者，到底有哪些常见的可选择的投资品种。

我和身边的朋友说到投资（这里不涉及实体投资，比如创办实体企业等），基本上是说商品投资和金融投资两大类投资。其实这个分类并不严谨，但是我习惯于让更多的人能够根据身边可见的事物去理解投资，所以就暂且这么分吧。

在金融投资这一块，中国的普通投资者能够接触到的投资品种，如果按照风险从低到高来排列，会是这样的：

1. 银行储蓄，也就是去银行进行存款。

2. 在银行进行理财产品的配置。

3. 在银行柜台进行国债的认购，参与债券的投资。最近也看到有一些地方政府的债券通过银行柜台对普通的投资者进行发售，也有一些投资者愿意选择。

4. 公募基金投资。

5. 股票投资。

6. 处于商品投资和金融投资融合地带的投资。这类资产也就是过去二十年国内涨得最好的一类资产——房地产。

为什么我说房地产处于商品投资和金融投资的融合地带呢？因为房地产一方面具有满足居住需求的商品特性，可以直接拿来"用"。另一方面，买房子一般是加了金融杠杆（贷款）的，所以在过往的这些年，房地产的投资属性或者说金融投资属性越来越突显。因此，我把房地产定义为融合投资。

说到这些不同的投资品种，朋友们可以想一想：你平时在哪一类投资中亏得最多？在哪一类投资中赚得最多呢？

我想大部分人可能是在股市里面亏钱亏得最多，在房地产市场里面赚钱赚得最多——如果有买房子的话。

事实确实如此，在过去这十几年中，中国的房地产涨幅非常可观。

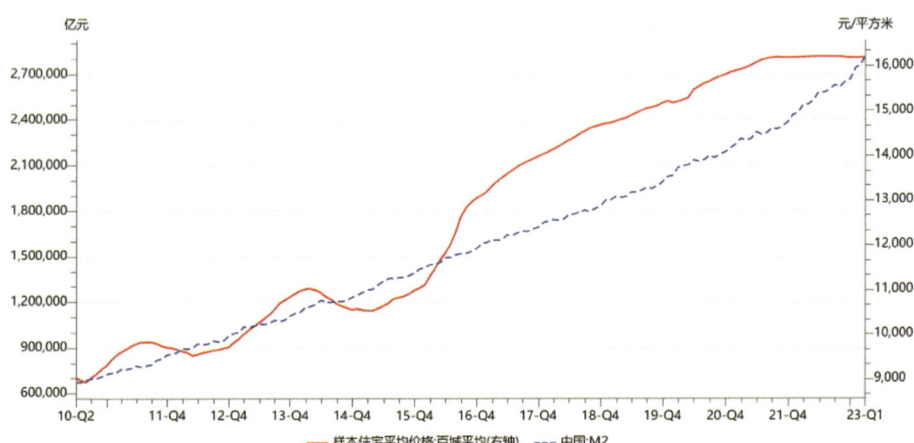

数据来源：Wind（万德数据库）

图1-1　房价与M2曲线

其实中国A股长期的复合收益率也不低，因为整体来讲，股市也是震荡往上的。

图1-2　万得全A走势图

很明显，在过去的二十年，A 股和房地产两个投资品种都是上涨的，但是为什么房子可以让我们有非常明显的赚钱感觉，而股市却往往给我们的是亏钱的感受呢？其实这中间就体现了"定投"的内在逻辑。

做定投最重要的，第一是要长期持续把它坚持下去；第二就是通过分批定期扣款的方式来有效地降低投资成本。

作为普通的投资者，我们在参与股市投资的时候，因为既不专业，也没有时间去学习非常复杂的财务知识，所以就算拿到上市公司的财务报表，往往也无法从中解读出有利于指导我们投资的种种信息。

在 2015 年股市大幅动荡之后，我有一次在某家银行的客户活动中做了演讲，有一个客户在我演讲完后，就跟我说她买了一只股票，现在亏损 60％，到底该卖还是该留还是该补仓。我记得当时我就问了她两个问题：你这只股票是哪个行业的公司？这家公司的盈利状况如何？

结果，这个客户给我的两个答案都是一样的："不知道。"

我紧接着问了一个问题："既然你什么都不知道，为什么你会买这只股票呢？"

她给我的答案，相信和绝大多数人是一样的，那就是："这只股票是我的朋友推荐的。"

中国的大部分散户投资者在进行 A 股投资的时候，经常是听从别人的所谓"内幕消息"去追所谓的题材股，最后投资了一个自己完全不了解的股票，而且并不是以一种长期投资的心态去参与这个投资，往往是以一种想短期暴富、非常短期进行低买高卖的赌徒心态去进行投资。所以最后的结果往往就是亏损。因为，人们去赌场，十有八九都是亏得倾家荡产。

而房子为什么能够赚钱呢？

首先，因为大家去买房子，绝对不是想着买完之后，一个月之内这个房子就翻一倍，然后就把房子卖掉了。大家在进行房地产买卖的时候，往往一套房子在手里面会持有很多年。所以我们才可以把房地产市场上涨的收益全部都收入囊中。

这至少体现了一个和定投一样的原理，那就是坚持长期持有。

其次，大家买了房子之后，如果短期之内房价出现下跌，我相信绝大多数人不会慌张，也不会因为下跌就急着把自己的房子卖掉。这个时候，大家往往都非常有信心——尤其是过去的十年，大家相信总有一天房价一定会再往上走。正是因为我们对房子有信心，所以我们才能守得住。但是我们对股票却往往没有这样的信心，所以到最后往往追涨杀跌。

同样的道理，就像基金定投一样，定投可以让我们安然地度过市场下跌的漫漫熊途，然后迎来市场的回暖反弹，乃至最后出现牛市，赢得丰厚的回报。

听到这里，可能有朋友会问：那如果有钱，我不如买房子，何必要做基金定投呢？

因为购买房子对于资金的需求是极其巨量的。现在要付一个房子的首付真的不容易，尤其是在房价已经经过多年的暴涨之后。过去几年政府对于房地产的态度非常明确，那就是房住不炒。因为不断上涨的房价，已经对实体经济形成了明显的挤出效应，并且降低了全社会的消费能力。在这样的形势下，未来房地产已经不是一个适合投资的品种。这一点从过去两年的房价走势已经可以看得非常清楚了。

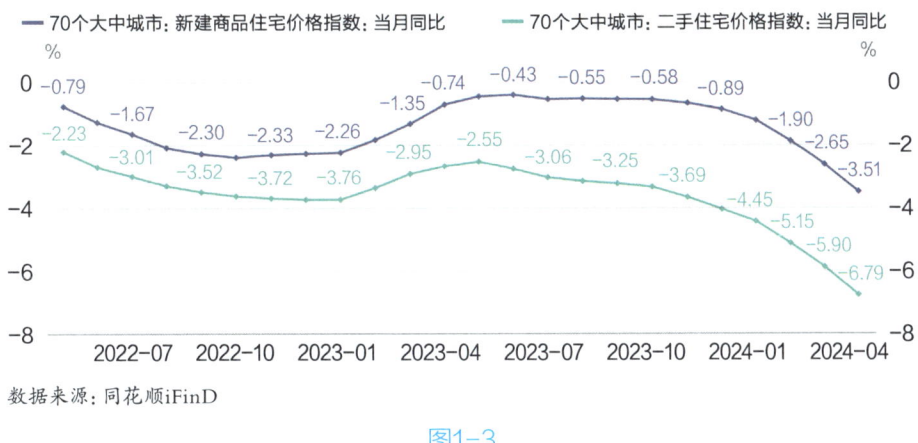

图1-3

而直接投资股市，我们又往往会以一种赌徒的心态去参与，所以亏钱的可能性远远大于赚钱的可能性。而公募基金投资确实是可以赚到钱的，截至2017年底，偏股型基金的平均年化收益率高达16.5%（图1-4）。

证监会：2017年偏股型基金年化收益率平均达16.5% 远远跑赢大盘

2018年05月16日 17:18 来源：证券时报

证监会消息，证监会新闻发言人高莉就公募基金行业发展情况答记者问时表示，从投资回报看，截至2017年底，公募基金行业累计分红1.71万亿元，其中偏股型基金年化收益率平均为16.5%，超过同期上证综指平均涨幅8.8个百分点，也就是说远远跑赢了大盘。债券型基金年化收益率平均为7.2%，超出现行三年定期存款利率4.5个百分点。

图1-4

当然，在经历了2021—2024年市场的下跌之后，高位入场的基民们在基金投资中大多亏得肉痛，觉得基金根本赚不到钱。

这是因为一次性进行公募基金的买卖投资，大家往往会陷入类似于股票投资的困境，经常纠结于择时，陷入低买高卖的赌徒心态之中，但最后往往变成追涨杀跌。大家可以看下面这张图（图1-5），历史上偏股基金的募集份额和市场的波动高度拟合，基本上就是追涨杀跌。

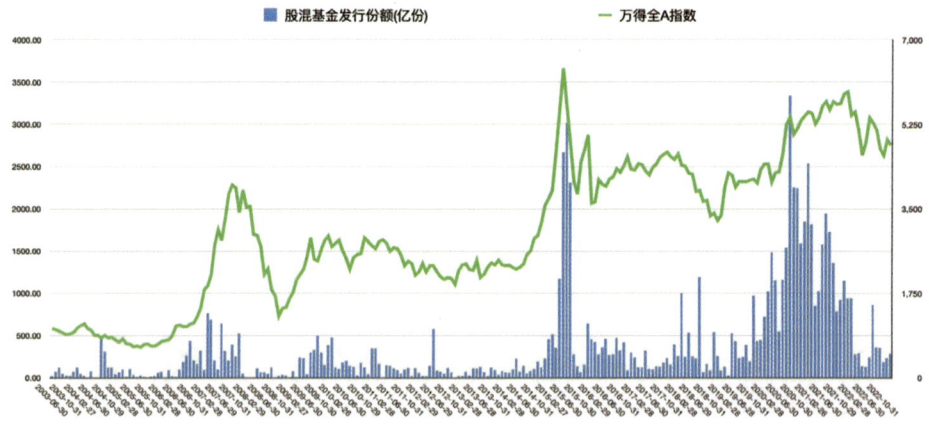

图1-5　2005—2022年股混基金发行份额

随着利率市场化的推行和资管新规的落地，银行理财产品的收益在逐步下降，并已经打破了刚性兑现，而银行储蓄存款早就已经是实际上的负收益。

所以基金定投作为一个门槛很低、方法很简单、技巧很易学的投资方式，其实是非常非常适合普通的投资者，也就是一般意义上的散户来进行投资的方法。

这种方法不需要过多的专业积累，也不需要投入过多的精力去进行相应的管理，只要在一开始选对了定投的产品，简单地坚持，并适时地进行止盈，就能够在一个中长期的时间区间获得稳定且相对于银行存款等都更高的一个收益。

因此，定投虽然不能说是散户在市场中赚钱的唯一方式，但是我可以肯定地讲，它应该是最适合散户在市场中赚钱的一种投资方式。

散户投资者一般在日常的投资中会存在以下几个问题，大家可以看看自己有没有同样的疑问。

第一个问题：我们并不是专业的投资者，所以对于与投资决策分析相关的财务知识并不是太了解。看到每天不断刷新的各种经济数据、研究报告，看到上市公司定期公布的财务报表，我们却没办法从这些信息中解读出有价值的投资线索和依据。因此在面对投资产品的时候，我们往往是一头雾水。如果投资了不懂的东西，那后面会发生什么，我们自然也没有办法预估。

不懂、不专业，是我们散户投资者的第一个问题。

第二个问题：散户投资者往往有自己的本职工作，不能天天守在电脑前面、守在交易室里，没有足够的时间盯着大盘的实时涨跌，盯着各项数据的变化。我们知道，以股市为代表的高风险投资，影响价格走势的信息是有时效性的，而它的买卖价格也是实时变化的，开盘、盘中、收盘的价格可能波动巨大。如果要把握市场的短期机会，我们必须在交易时间里坐在电脑前面，关注这些数据的实时变化，才能做出最及时的判断和进行相关的操作。

没有时间和精力在每个交易日实时盯盘，是散户投资者的第二个问题。

第三个问题：因为自己不懂，而且又没有时间去进行研究，所以很多散户做投资决策的时候，绝大多数时候都只能听消息。

在很多的线下客户活动中，我经常打趣台下的投资者：中国的投资者，尤其是股民们，买股票只遵循一个原则，那就是"熟人原则"。买股票没有基本面研究，只听身边朋友的介绍，只要朋友一说某只股票有消息，就买了——最多问一句：你说的是真的吗？

听消息炒股、听消息投资，这是件靠谱的事情吗？

听到的消息到底是真是假，有没有切实的依据可以去证实？如果没有办法去验证，那么我们就无法确定这个"消息"到底会对我们的投资产生正面的影响还是负面的影响。所以听消息投资的结果往往就是亏损，达不到自己的预期收益。而且，就算是真消息，这消息都已经到散户的耳朵里面了，那消息也绝对不是"新闻"了，大概率已经是"旧闻"了吧。

听消息炒股，听消息投资，是散户投资者的第三个问题。

第四个问题：散户在投资中太容易追涨杀跌了。
我们用买房子来打个比方：大家什么时候才会去买房子呢？我相信一定是看到房价在快速上涨的时候。因为看到噌噌上涨的房价，大家肯定就想如果不赶紧买，后面的价格会涨得越来越高。结果就是所有人都去抢着买房子。其实这也就是经济学中经常讲到的"通货膨胀预期的自我实现"，当大家都觉得某个东西要涨价，于是都抢着买，这个东西就供不应求，最后涨价的预期就变成了现实。

那什么时候大家会不买房子，甚至想要把房子卖掉呢？那一定是当房价在下跌的时候。这个时候大家会觉得未来买的话，价格可能比现在更低，所以不如等等再买。若是房价快速下跌，可能不但不买房，还会着急把房子给卖掉——因为担心以后房价会跌得更低。

所以在以股市为代表的高风险投资市场，大家往往也是这样的一种心态：当市场一路下跌的时候，大家觉得这个市场没有最低，只有更低。2019年1月初，上证指数跌到2440点，投资者们都在想会不会很快跌到2000点以下。而在2008年，上证指数从6124跌到1664点时，绝大部分人觉得998点指日可待。2024年初，当市场再现"千股跌停"时，网络上高呼"关闭A股""珍爱生命，远离A股"的人占了绝大多数。

但是当市场一路上涨，尤其是进入一种狂热看涨情绪的时候，所有投资者都是呼朋唤友，甚至加杠杆抢着把钱投到市场里面。跑步入场的原因就是担心没有办法像别人一样，在这一波上涨过程中赚到更多的钱。所以2007年6000点的时候，大家都认为2008年上证可以到20000点；2015年5000点的时候，大家都在想，8000点近在眼前；2021年伊始，"爆款基金"层出不穷，无数人觉得一夜暴富并不是梦⋯⋯

以这样的心态投资和操作，最后就是完美的追涨杀跌，而追涨杀跌的结果，必然是痛彻心扉的领悟⋯⋯但是每次行情来临，追涨杀跌的情形大概率又会重复上演。

追涨杀跌，躲不开的人性弱点，是散户投资者的第四个问题。

而定投可以帮我们解决上面的四个问题。

第一，通过定投，基金产品这个媒介让专业的基金经理和投资团队帮你进行证券市场的投资操作，专业化投资盈利的概率会高很多。

第二，定投只要选定了产品、确定了扣款金额和周期之后，就不需要再花时间去盯着这个市场短期的变化，非常适合有本职工作的散户投资者。

第三，公募基金是一个信息披露最彻底、受监管最严格的行业。基本上所有的公募基金都会在每个交易日公布当天的单位净值，并且每只基金的持仓信息、投资状况，都会在基金的季报、年报中进行定期披露。所有基金的业绩表现也都是公开信息，在各种公开渠道都可以进行查询验证。所以投资基金没有"听消息"的必要。

第四，定投是一个有纪律性但是又简单的投资方式，它可以通过有规律的扣款来降低持仓成本。定投从根本上规避了追涨杀跌这个最大的问题：因为定投可以让我们在低位买得更多，而在高位买得更少，刚好跟追涨杀跌是反过来的。

所以，定投是一个真正可以解决散户投资者常见问题、操作简便并且能够取得良好收益的投资方式。

Chapter 1

我的定投初始经验

我自己是一个坚定的定投拥护者和执行者。我经常会跟身边的很多朋友说：你只要懂得怎么去做，定投就可以算是一个"稳赚不赔"的投资方式。（当然还是要提醒大家，投资中永远都不存在"稳赚不赔"的方法，任何投资都有风险，只是风险有大有小而已。）

我对定投的信心源于自己这十多年来定投的实战经验。

2007年10月份是我的定投生涯的起点——因为市场火热，而刚好在那一年，我的女儿出生，我想着是否可以有个办法给她积累一笔未来上大学的资金。所以哪怕当时我对于基金了解得并不多，但是还是想去试试看。

2007年9月30日，我到中国工商银行的一个网点，在柜面上通过手工填单的方式开通了基金定投业务。9月30日之后就是国庆的长假。所以我的第一次扣款是在长假后的第一个交易日，也就是2007年10月8日。

2007年10月16日，上证指数涨到了截至目前的历史最高点6124点，也就是说我的定投是在接近历史最高位开始的。

我后来查了一下，2007年10月8日第一次定投扣款的那一天，上证指数是5692.76点，2015年的牛市最高点也才涨到了5178点。现在的点位更是只有3000点上下。

2007年，我定投了两只产品，一只是××聚丰，另一只是××深证100。当年为什么会选这两只产品做定投标的呢？说实话，当时我对基金不是那么了解，这两只都是银行的理财经理推荐给我的，应该是当时工行主要在营销的产品——对于不怎么了解基金的人来说，往往会比较容易被营销人员推荐产品。

由于我开始定投的这个市场点位确实太高了，所以从扣款开始，我的账面上基本就没有出现过浮盈，一直都是亏损——大家想想看，我开始定投的时间是5600多点，过了两周之后，市场就到了6124点，接着就开始了"波澜壮阔"的从6124点到1664点的暴跌之路……如图1-6所示。

图1-6　A股的单边下跌

在这个过程中，投资怎么可能不亏钱？

但是我相信很多朋友在做定投的时候，都听到过四个字。这四个字叫作"长期持续"。

没错，当时我的心态特别好，因为我一开始就是打算给女儿准备大学教育金的，算起来还有十几年的时间呢。所以我就跟自己说跌也不怕，我需要的是长期持续，越跌越买，一定不能停止扣款。所以在6124点到1664点这个暴跌的过程中，我每个月的扣款从来没有停过。

这个过程其实非常痛苦。因为市场跌到1664点的时候，我的账面上最大的浮亏一度达到了40％以上。我和自己说得最多的就是"不看"，因为看了就会让自己情绪波动，"眼不见心不烦"……

现在回头来看，2008 年市场暴跌过程中我的"鸵鸟策略"是对的，在下跌过程中的持续扣款是非常非常关键的。

2009 年，市场反弹，上证指数从 1664 点反弹到了 3478 点。在这个反弹过程中，我这两只基金开始从亏损逐渐转为盈利，而且这个盈利增长速度非常快。2009 年 8 月 6 日，我赎回了两只基金。

那我赎回的时候，是什么样的收益情况呢？

××聚丰，我总共扣款 23 期，投入了 11500 元，最后我的期末总资产是 13744.77 元。定投收益率是 19.52%，年化收益率 10.23%。

| 计算结果

指标	总期数	总投入	总资产（元）	总收益	总收益率	年化收益率
定投	23	11,500.00	13,744.77	2,244.77	19.52%	10.23%
单笔投资	1	11,500.00	8,516.01	-2,983.99	-25.95%	-15.14%

| 基金定投表现图

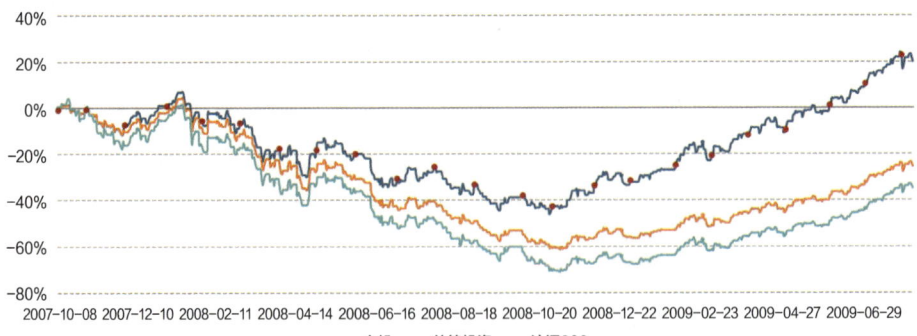

图1-7　××聚丰定投与单笔投资对比

表 1-1 是××聚丰定投流水（全书数据采用了四舍五入法，因此会有细微出入）。

表1-1　××聚丰定投流水

序号	定投日期	单位净值（元）	定投金额（元）	购得份额（份）	单笔收益率(%)	累计份额（份）	累计收益率(%)
1	2009-07-28	0.8111	500.00	609.14	-2.52	17383.04	22.60
2	2009-06-29	0.7226	500.00	683.74	9.42	16773.90	10.19
3	2009-06-01	0.6589	500.00	749.84	20.00	16090.16	0.97
4	2009-04-28	0.5884	500.00	839.69	34.38	15340.32	-9.74
5	2009-03-30	0.5770	500.00	856.28	37.04	14500.63	-11.93
6	2009-03-02	0.5225	500.00	945.59	51.33	13644.36	-20.79
7	2009-02-02	0.5019	500.00	984.40	57.54	12698.77	-25.02
8	2008-12-29	0.4668	500.00	1058.42	69.39	11714.37	-31.65
9	2008-12-01	0.4663	500.00	1059.56	69.57	10655.94	-33.75
10	2008-10-29	0.4170	500.00	1184.82	89.62	9596.39	-42.83
11	2008-10-06	0.4787	500.00	1032.11	65.18	8411.57	-38.05
12	2008-08-29	0.5426	500.00	910.56	45.72	7379.46	-33.27
13	2008-07-29	0.6325	500.00	781.14	25.01	6468.89	-25.61
14	2008-06-30	0.6086	500.00	811.82	29.92	5687.75	-30.77
15	2008-05-29	0.7374	500.00	670.02	7.23	4875.94	-20.10
16	2008-04-29	0.7761	500.00	636.61	1.88	4205.92	-18.39
17	2008-03-31	0.8065	500.00	612.61	-1.96	3569.31	-17.75
18	2008-02-29	0.9460	500.00	522.27	-16.42	2956.70	-6.77
19	2008-01-30	0.9672	500.00	510.83	-18.25	2434.43	-5.82
20	2008-01-02	1.0455	500.00	472.57	-24.37	1923.60	0.56
21	2007-11-30	0.9558	500.00	516.92	-17.27	1451.03	-7.54
22	2007-10-30	1.0606	500.00	465.84	-25.45	934.11	-0.93
23	2007-10-11	1.0788	22.38	红利再投20.74份	-26.71	468.27	1.03
24	2007-10-08	1.1040	500.00	447.53	-25.02	447.53	-1.19

××深证100，同样也是投入11500元，最后我的本利和是14911.08元，定投的收益率达到了29.66%，年化收益率15.25%。

| 计算结果

指标	总期数	总投入	总资产（元）	总收益	总收益率	年化收益率
定投	23	11,500.00	14,911.08	3,411.08	29.66%	15.25%
单笔投资	1	11,500.00	8,307.73	-3,192.27	-27.76%	-16.28%

| 基金定投表现图

图1-8　××深证100定投与单笔投资对比

表1-2是××深证100定投流水。

表1-2　××深证100定投流水

序号	定投日期	单位净值（元）	定投金额（元）	购得份额（份）	单笔收益率(%)	累计份额（份）	累计收益率(%)
1	2009-07-28	1.5640	500.00	315.90	-1.79	9707.73	32.03
2	2009-06-29	1.3220	500.00	373.73	16.19	9391.83	12.87
3	2009-06-01	1.2050	500.00	410.02	27.47	9018.10	3.49
4	2009-04-28	1.0660	500.00	463.48	44.09	8608.08	-8.24
5	2009-03-30	1.0510	500.00	470.10	46.15	8144.60	-9.89
6	2009-03-02	0.9240	500.00	534.71	66.23	7674.51	-21.21
7	2009-02-02	0.8540	500.00	578.54	79.86	7139.80	-28.27

续表

序号	定投日期	单位净值（元）	定投金额（元）	购得份额（份）	单笔收益率(%)	累计份额（份）	累计收益率(%)
8	2008-12-29	0.7830	500.00	631.00	96.17	6561.26	−35.78
9	2008-12-01	0.7890	500.00	626.20	94.68	5930.26	−37.61
10	2008-10-29	0.6710	500.00	736.32	128.91	5304.06	−49.16
11	2008-10-06	0.8420	500.00	586.78	82.42	4567.74	−40.83
12	2008-08-29	0.9310	500.00	530.69	64.98	3980.96	−38.23
13	2008-07-29	1.1560	500.00	427.40	32.87	3450.27	−27.48
14	2008-06-30	1.1010	500.00	448.75	39.51	3022.87	−33.44
15	2008-05-29	1.3950	500.00	354.17	10.11	2574.13	−20.20
16	2008-04-29	1.4700	500.00	336.10	4.49	2219.95	−18.42
17	2008-03-31	1.5160	500.00	325.90	1.32	1883.85	−18.40
18	2008-02-29	1.8190	500.00	271.62	−15.56	1557.95	−5.54
19	2008-01-30	1.8330	500.00	269.54	−16.20	1286.33	−5.69
20	2008-01-02	1.9770	500.00	249.91	−22.31	1016.79	0.51
21	2007-11-30	1.7100	500.00	288.93	−10.18	766.88	−12.58
22	2007-10-30	2.0350	500.00	242.79	−24.52	477.95	−2.74
23	2007-10-08	2.1010	500.00	235.16	−26.89	235.16	−1.19

这两只产品最后给我带来的收益都非常不错，实际上扣款的时间不足两年，结果××聚丰有19.52%的收益，而××深证100更是有29.66%的收益。

更重要的是，我开始第一期定投扣款的时候上证指数是5692.76点，而等到2009年赎回的时候上证指数是3356.33点，指数下跌了41.04%。而我同期的这两只基金定投，对比大盘指数的下跌41.04%，这个超额收益就已经非常可观。

可以说我最早的这两只基金定投，完美地经历了一个微笑曲线市场。

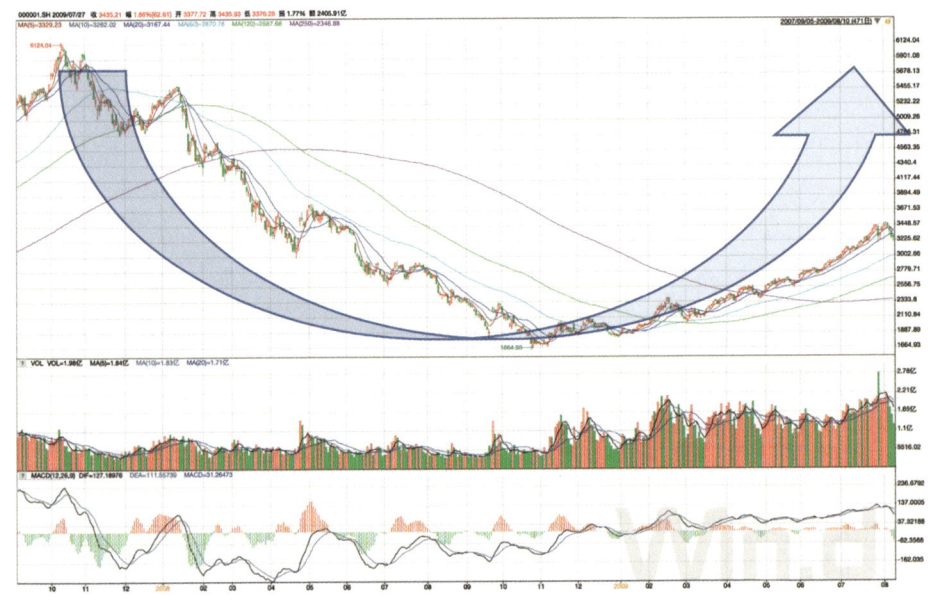

图1-9 定投微笑曲线

所谓的微笑曲线，就是从定投扣款开始，市场从高位开始下跌，然后一路到低点。这个过程中我坚持扣款，绝不停扣。之后市场从低点开始反弹，反弹到一定的位置，我就开始获利，如果市场能够回到前期的高点，盈利将会变得非常丰厚。市场在这个过程中的走势先下后上，像一张微笑的嘴，这就是一个"定投微笑曲线"的全过程。

相信肯定有朋友要问了：你不是为女儿准备教育金才做定投吗？为什么会在2009年8月份把它们全部赎回了呢？是因为有提前设置止盈线吗？

说实话，当年的我也是刚刚接触基金，完全可以说是一个小白投资者，所以我没有具体的执行规划，也根本不可能有什么提前设置止盈线的概念。当时只是觉得市场从1664点到3300多点，已经翻倍了，这个时候心里有点担心短期涨得太多了，觉得见好就收吧，应该说就是当时运气不错，做了赎回的决定。

可以说从 2007 年到 2009 年这两年的定投经历，为我后来坚持定投，奠定了一个非常非常坚实的基础。因为我在心里面有这样一种感受：从 6000 点跌到 1600 多点，最后我都能够赚到年化 10% 以上的收益，那我还有什么好担心的呢？

2010 年，机缘巧合之下我进入了公募基金行业工作，而 2010—2013 年市场一直处于阴跌的走势中，一次性进行基金投资基本上很难有赚钱的机会，而我也进一步通过实践深入了解了基金定投这种基金投资的方法，并通过不断地试错来总结经验，最后慢慢形成了自己对于基金定投的一整套逻辑框架。

Chapter 1

到底什么是基金定投

定投似乎是一个在市场不好的时候，大家觉得没什么信心不愿尝试；而市场好的时候，大家觉得不如一次性投没有什么用的投资方式。

真实的定投到底是什么样的？

真的可以十年赚十倍吗？真的有很明显的复利回报吗？真的可以长期持续吗？

在市场不好的时候，我们不如从头聊起。

首先从定投的基本概念开始吧。

基金定投是在固定的间隔时间、用固定的金额去投资一只固定的基金。

所以，我们需要明确以下几个基金定投的基础概念：

第一，随着市场涨跌，变化扣款时点的不定时投资不是定投——这叫作投机择时。而且一般来说择时做多了，就会演变为追涨杀跌——亏钱妥妥的。

第二，每次买入固定的基金份额，而不是用固定的金额去投资的方法也不是定投——定投是通过固定金额的投入来达到净值高的时候买入份额少，而净值低的时候买入份额多的目的，这样我们的平均持仓成本才会更低一些。

这里我用数据的演算来说明。

假设我们设置一个定投方案，每期扣款1000元，扣款进行了7期。而在这个过程中基金净值大幅波动，最终回到初始扣款的1元净值，我们会发现定投的收益率依然是非常可观的。

表1-3 固定金额扣款的降低成本效果

扣款期数	1	2	3	4	5	6	7
扣款金额	¥1000.00	¥1000.00	¥1000.00	¥1000.00	¥1000.00	¥1000.00	¥1000.00
基金单位净值	¥1.00	¥1.20	¥1.50	¥0.80	¥0.50	¥0.70	¥1.00
购入基金份额	1000.00	833.33	666.67	1250.00	2000.00	1428.57	1000.00
累计份额	1000.00	1833.33	2500.00	3750.00	5750.00	7178.57	8178.57
单位份额成本	¥1.00	¥1.09	¥1.20	¥1.07	¥0.87	¥0.84	¥0.86
账面价值	¥1000.00	¥2200.00	¥3750.00	¥3000.00	¥2875.00	¥5025.00	¥8178.57
盈亏率	0.00%	10.00%	25.00%	-25.00%	-42.50%	-16.25%	16.84%

来源："威尼斯摆渡人的水域"公众号

正是固定金额的扣款方式让我们实现了"低价份额获取多，高价份额获取少"的效果，图1-10可以更加直观地呈现这一点。

— 基金单位净值　　　　购入基金份额

来源:"威尼斯摆渡人的水域"公众号

图1-10

如果我们每次买入的都是固定份额,那么定投的这个优势就已经没有了。同样假设我们固定每期买入1000份额,最终的投资结果如表1-4所示。

表1-4　固定份额扣款演示表

扣款期数	1	2	3	4	5	6	7
扣款金额	¥1000.00	¥1200.00	¥1500.00	¥800.00	¥500.00	¥700.00	¥1000.00
基金单位净值	¥1.00	¥1.20	¥1.50	¥0.80	¥0.50	¥0.70	¥1.00
购入基金份额	1000.00	1000.00	1000.00	1000.00	1000.00	1000.00	1000.00
累计份额	1000.00	2000.00	3000.00	4000.00	5000.00	6000.00	7000.00
单位份额成本	¥1.00	¥1.10	¥1.23	¥1.13	¥1.00	¥0.95	¥0.96
账面价值	¥1000.00	¥2400.00	¥4500.00	¥3200.00	¥2500.00	¥4200.00	¥7000.00
盈亏率	0.00%	9.09%	21.62%	−28.89%	−50.00%	−26.32%	4.48%

来源:"威尼斯摆渡人的水域"公众号

第三，定投是投资一只固定的基金，而不是去投资一个基金组合——如果这个组合中的基金在不断地调整更换。

现在市场上有不少的基金投顾，买方的卖方的都有，野生大V也有，我这里不评论投顾策略水平的高低，但是基本上所有投顾组合总会定时或不定时地调整组合中的基金。

而定投之所以要固定投资同一只基金，逻辑是基于均值回归。

市场总是在进行周期的轮转，板块和标的的价格总是在周期中围绕着其本身的价值上下变动。一段时间跌多了，接下来上涨的可能性就会变大；而涨多了，接着下跌的概率就变高。

我们持续定投一只固定的基金，若一开始处于行情左侧，净值一路下跌，那么后续上涨的概率就会变大，而我们在低位累积了更多的份额，后续若净值回升，我们就能获得理想的收益。

在理想的状态下，我们会在产品净值到达短期相对高位时触及止盈线做止盈，落袋为安，虽然后续的定投扣款可能是处于净值短期高位，但因为固定金额买入的份额变少，所以我们仍然可以有良好的心态去等待下一个价格周期的轮回。

而要实现这些的前提是：我们定投的这个产品风格是稳定的，不会出现不同风格的反复切换——切对了固然好，如果切错了，那么我们在低位拿的份额，或许根本就等不到均值回归的机会了——因为原来的赛道已经被换掉了。

所以，虽然定投简单，但是我们还是可以从简单的概念中解读出更深层的投资纪律。

一、投资中的买卖需要有纪律。择时是市场中不靠谱的事情，择时大概率会变成追涨杀跌，最终导致亏损。
二、投资要在低位买得多，高位买得少。
三、投资不能朝三暮四，需要坚持，均值回归会让你的坚持有回报。

看到这里，估计有朋友要质疑了：投资不就应该随着市场而调整策略，低位买、高位卖吗？按照上面这种固化定投的方法，怎么可能让我赚大钱呢？

还有，你怎么保证我定投的基金风格不会变来变去呢 —— 基金经理不是总跳槽吗？

这里我也想问问朋友们：你们觉得可以靠投资赚到大钱吗？

这也是我下面想聊的话题。

Chapter 1
为什么定投比较容易赚到钱

之所以给大家推荐基金定投,是因为这个方式赚钱的难度相对而言是比较小的,比较适合大家上手。

但是很多朋友对于定投会赚钱是有疑虑的。

从我个人的定投经历来看,在上证指数6000点左右开始的定投,都没有让我亏损,反而还有年化10%以上的收益,应该还是比较有说服力的吧。如果还觉得不够,那么我这里尝试用理论的方式来分析一下——这个真的很理论,很专业,很复杂,所以,如果您对于数学公式有点怵,可以跳过中间一段,记住结论就好了。

首先,定投怎样才算是赚到钱?只有当我们赎回时的基金账户总价值比我们定投过程中申购基金的总成本要高,才是赚钱,否则就是亏钱。所以盈利的条件是:

定投计划总价值 > 定投计划总成本

再把这个不等式扩展一下。

假设我们的定投计划每期扣款 1000 元，总共扣款 n 期。那么每一期我们定投能够获得的基金份额就是：1000/ 扣款日净值，所以我们第一期获得的基金份额就是 1000/ 净值 1、第二期获得的基金份额就是 1000/ 净值 2……第 n 期扣款获得的基金份额就是 1000/ 净值 n。最终我们账户中所持有的基金份额就是上面这些的总和。

而赎回时的基金单位净值乘以我们所持有的份额数就是定投计划的总价值：

定投计划总价值 = 赎回时基金单位净值 × 总份额＝赎回时基金单位净值 ×（1000/ 净值 1 + 1000/ 净值 2 +…+ 1000/ 净值 n）。

而 **定投计划总成本＝** $1000 \times n$。

所以，定投赚钱的唯一条件就是：定投计划总价值 > 定投计划总成本
退出时的基金单位净值 > $n/(1/$净值$1 + 1/$净值$2 + \cdots + 1/$净值$n)$

即退出时的基金单位净值 > $\dfrac{n}{\dfrac{1}{\text{净值}1} + \dfrac{1}{\text{净值}2} + \dfrac{1}{\text{净值}3} + \cdots + \dfrac{1}{\text{净值}n}}$

那么最理论的地方来了：$\dfrac{n}{\dfrac{1}{\text{净值}1} + \dfrac{1}{\text{净值}2} + \dfrac{1}{\text{净值}3} + \cdots + \dfrac{1}{\text{净值}n}}$ 是什么？

在数学上，这个表达式有一个名字，叫作"调和平均数"。

$$H_n = \frac{n}{\sum_{i=1}^{n} \frac{1}{x_i}} = \frac{n}{\frac{1}{x_1} + \frac{1}{x_2} + \cdots + \frac{1}{x_n}}$$，被称为调和平均数。

$$G_n = \sqrt[n]{\prod_{i=1}^{n} x_i} = \sqrt[n]{x_1 x_2 \cdots x_n}$$，被称为几何平均数。

$$A_n = \frac{\sum_{i=1}^{n} x_i}{n} = \frac{x_1 + x_2 + \cdots + x_n}{n}$$，被称为算术平均数。

$$Q_n = \sqrt{\frac{\sum_{i=1}^{n} x_i^2}{n}} = \sqrt{\frac{x_1^2 + x_2^2 + \cdots + x_n^2}{n}}$$，被称为平方平均数。

接下来，是数学定理时间——

均值不等式，又名平均值不等式、平均不等式，是数学中的一个重要公式：$H_n \leq G_n \leq A_n \leq Q_n$，即调和平均数小于等于几何平均数，几何平均数小于等于算术平均数，算术平均数小于等于平方平均数。简而言之，调和平均数是所有平均数中最小的那个。

我们来算一下1、10、100三个数字的各种平均数，看调和平均数到底是不是最小的。

调和平均数 $= \dfrac{3}{1 + \frac{1}{10} + \frac{1}{100}} \approx 2.7$

几何平均数 $= \sqrt[3]{1 \times 10 \times 100} = 10$

算术平均数 $= \dfrac{1 + 10 + 100}{3} = 37$

平方平均数 $= \sqrt{\dfrac{1^2 + 10^2 + 100^2}{3}} \approx 58$

答案显而易见：调和平均数是最小的。

回到我们前面的结论：

定投赚钱的唯一条件是：定投计划总价值 > 定投计划总成本
即

退出时的基金单位净值 > $\dfrac{n}{\dfrac{1}{净值1}+\dfrac{1}{净值2}+\dfrac{1}{净值3}+\cdots+\dfrac{1}{净值n}}$

变换一下说法就是：退出时的基金单位净值 > 每次定投日基金单位净值的调和平均数。

由于调和平均数是所有平均数中最小的，从数学角度上来说：定投的退出时的基金单位净值很大概率会大于定投过程中每次扣款日基金单位净值的调和平均数，所以，定投赚钱的概率是很大的。

时间成就了我们的"平均"，而定投成就了我们的"最优平均"。

通俗点解释就是：定投可以有效降低我们购买基金的持仓成本，这个成本大概率是低于同时期市场平均成本的，所以盈利的概率也很大。

只是要提醒大家：千万不要在低位停扣，这样你定投的平均成本就没有办法达到最优了。

Chapter 1
定投能够赚大钱吗
——定投和复利的真相

在网络上，大家经常会看到"定投十年翻十倍""每天省下一杯拿铁钱用来定投，十年之后百万到手"之类的说法。有很多人也正是因为这些说法才被吸引过来开始尝试基金定投。

那么事实如何呢？

基金定投真的可以有这么强大的赚钱能力吗？能够帮我们实现财富自由的梦想吗？

不好意思，我要在这里给大家一个很冷酷的回答：基金定投基本上没有可能让你从财富不自由变成财富自由！

从本质上来说，基金定投不是一个在市场中最能够提高我们投资收益率的投资方法，它的资金投资效率是比较低的。基金定投只是一种不用花什么时间去学习和关注，就能获得市场平均收益的一种性价比很高的投资方式。

要想"赚大钱",基金定投并不适合你。

只要平时大家在生活中有去了解过关于理财的一些信息,只要接触过相关的营销人员,比如保险的营销员、银行的理财经理、券商的客户经理,我相信你就一定听过复利效应。

而在网络平台上讲理财课的大V们给大家推荐各种理财投资方式的时候,一般开篇也都会跟大家说:一定要选择带有复利效应的投资方式。

因为只要带有复利效应、只要我们坚持投资时间够长,哪怕投入的本金不多,经过长时间之后也会有非常高的收益。

同样,在介绍基金定投的很多课程中,往往也把基金定投的复利效应夸上了天。

愿望很美好,但其实做基金定投,做权益类投资,复利效应并不明显。

因为市场是波动的,而不是平滑地线性上涨。

复利本质的含义是:下一期或者说计息周期的下一期在计算利息的时候是以上一期的本利和作为新一期的本金来进行计算。因此,只要每一期的收益都为正,或者说每一期收益率都是固定的正收益,时间长了之后,确实是可以形成滚雪球的效应。

举个简单的例子：

如果我们现在投入10000元的本金，年回报率为10%，恒定保持不变。到第1年末，本利和就变成了11000元，赚了10%，赚了

10000×10% = 1000（元），本利和为

10000 + 10000×10% = 10000（1 + 10%）= 11000（元）；

而到了第2年末，我们的本利和就变成了12100元。因为我们计算第二年利息的时候，是用第一年年末的11000元来作为本金计算的。所以第二年赚了

11000×10% = 1100（元），本利和为

11000 + 11000×10% = 10000×（1 + 10%）^{2} = 12100（元）；

以此类推，第3年末本利和为

12100 + 12100×10% = 10000×（1 + 10%）^{3} = 13310（元）；

第4年末本利和为

13310 + 13310×10% = 10000×（1 + 10%）^{4} = 14641（元）；

……

到第7年末，我们10000元的本金，经过7年复利的累积，就变成了10000×（1 + 10%）^{7} = 19487.17（元）。

这就是我们谈到复利效应时所说的"72法则"，也就是如果按照年复利率为10%计算，我们的资产经过7年就可以翻一倍。

从上面的例子中我们可以得到复利公式：

$$F = P(1 + r)^n$$

从公式我们可以看出，复利效应是时间越长增值效果越明显，因为这是个指数级的增长计算方式。

接着前面的例子，在投资 7 年翻了一倍之后，我们再坚持 5 年等到第 12 年末，投资本利和就变成了

10000×（1＋10%）^{12} ＝ 31384.28（元），又多赚了一倍本金。

再过 3 年，第 15 年末本利和为 41772.48 元。

第 17 年末本利和为 50544.70 元。

到第 20 年，10000 元的本金变成了 67275 元——所以如果是真正的长期稳定的复利，复利增长的效应是非常惊人的。

当你听到营销人员跟你如此介绍投资效果的时候，是不是会心动呢？

我相信一定会。

因为这种高额回报太诱人了！

但现实中我们进行权益类的基金定投，真的会有这么好的复利回报效应吗？

没有！绝对没有！

网络上很多理财课堂和文章在讲基金定投时都说定投是带有复利效应的投资方式，并且往往会和大家假设：如果你今年定投的钱能够赚 10%，明年把这个本利和继续定投，再赚 10%，就可以变成多少多少——这个说

法和我上面所举的例子是一模一样的。

要实现年化 10% 的复利效应，必须有一个基本的前提：每年你必须都能够稳定获得 10% 的投资正收益。

而现实中有哪项投资可以做到这一点？别说是基金定投了，全市场目前也没有任何一种投资方式可以做到这一点！

我们以沪深 300 和中证白酒这两个指数为例，看一下从 2010 年 1 月 1 日到 2022 年 12 月 31 日，13 年来年收益率的情况吧。

表1-5

证券代码	000300.SH	399997.SZ
证券简称	沪深300	中证白酒
年涨跌幅 [交易日期] 20100101 [单位] %	−12.5129	24.6571
年涨跌幅 [交易日期] 20110101 [单位] %	−25.0145	−3.2111
年涨跌幅 [交易日期] 20120101 [单位] %	7.5545	7.0827
年涨跌幅 [交易日期] 20130101 [单位] %	−7.6468	−45.3916
年涨跌幅 [交易日期] 20140101 [单位] %	51.6595	40.7730
年涨跌幅 [交易日期] 20150101 [单位] %	5.5834	18.9415
年涨跌幅 [交易日期] 20160101 [单位] %	−11.2818	14.0163

续表

证券代码	000300.SH	399997.SZ
证券简称	沪深300	中证白酒
年涨跌幅 [交易日期] 20170101 [单位] %	21.7751	77.2866
年涨跌幅 [交易日期] 20180101 [单位] %	−25.3098	−26.9424
年涨跌幅 [交易日期] 20190101 [单位] %	36.0695	91.9895
年涨跌幅 [交易日期] 20200102 [单位] %	27.2106	119.7582
年涨跌幅 [交易日期] 20210101 [单位] %	−5.1986	−3.3965
年涨跌幅 [交易日期] 20220101 [单位] %	−21.6328	−12.5348

沪深300过去13年有7个年份的单年度收益为负，6个年份的单年度收益为正。

从单年度收益来看，有超过半数时间沪深300都是亏钱的，我们假设在2010年一次性投入10000元本金，经过13年之后，10000元的本金变成了10827.67元。

也就意味着，如果我们在2010年1月1日一次性投资沪深300，经过13年之后，总收益率为8.28%，简单平均年化收益率为0.64%。

如果我们把0.64%的简单平均年化收益率当成沪深300的复合年化收

益率来计算 13 年周期的复利效应，你会发现 10000 元本金经过 13 年之后的本利和应该是：

10000×（1 ＋ 0.64%）^{13} ＝ 10864.71（元）。

也就意味着用指数的平均年化收益率去假设复利最后演算出来的 13 年复利收益结果会比我们实际投资的收益要高一些。复利假设情况下是 8.65%，而实际投资收益率是 8.28%，两者相差了 0.37%。

大家看到这个结果，可能觉得相差并不大，其实相差并不大的原因是沪深 300 指数过去 13 年的实际投资收益率太低了，所以数据最终的偏离度不大。

我们用中证白酒指数来看看，收益率变得很高的时候，复利演算的这种欺骗性会有多大。

中证白酒指数过去这些年整体走势是非常不错的，但是在 2010—2022 年间，也有 5 年的年度收益为负，分别是 2011 年、2013 年、2018 年、2021 年和 2022 年。

虽然其他年份这个指数的涨幅都很大，但这 5 年的负收益直接导致最后实际投资效果和复利假设情况下的结果出现了极大的差别。

假设我在 2010 年投入 10000 元本金投资中证白酒指数，持有到 2022 年年底，投资的本利和将会是 62191.80 元，13 年下来我的实际投资收益率为 521.92%。把这个收益率除以 13 得到简单平均年化收益率 40.15%，复合年化收益率 15.09%。

大家记住这两个值：13 年的实际投资收益率为 521.92%，简单平均年化收益率为 40.15%。

接下来我们用 40.15% 作为年复利率的假设利率来算一算，如果我们投资 10000 元，持有 13 年后会变成多少。

$10000×(1+40.15\%)^{13}=804841.44$（元）。

惊人吗？

在复利假设的情况之下，10000 元本金经过 13 年变成了 804841.44 元，实际收益率达到了 7948.41%。

大家还记不记得我前面特别强调过，中证白酒指数 13 年的实际投资收益率为 521.92%。

但是如果把实际简单平均年化收益率 40.15% 当成复利率演算 13 年的收益率，就高达 7948.41% 了。

两者之间可谓天差地别。

可能很多人会惊讶：为什么用同样的一个简单平均年化收益率，实际的总收益率会和复利假设情况计算出来的总收益率差这么远呢？

这是因为复利假设的情况是把根据总收益率算的简单平均年化收益率当成了每年线性获得的正收益，而现实中我们所投资的这些权益类产品，所投资的这些指数基金，通常都是涨一年跌一年或者涨两年跌一年的。即使如中证白酒指数这样收益丰厚的指数，13 年中也有 5 个年份的年度收益为负。

在这样的情况下，投资是没有办法保证我们每年都能获得稳定的正收益的。投资收益的获得不是线性的，在投资的过程中，必然某些年份会是负收益。而当出现负收益的时候，实际亏损也是以上一期的本利和来作为基数计算的。

因此前期涨得越高，后期只要有一次下跌，实际下跌的损失有可能就已经抵消前面几期的收益了。这个时候哪怕后面又有几期稳定的正收益，它整体的复利效应也已经不明显了。

再打个通俗的比方，如果一个投资已经亏损了 50%，那么需要上涨 100% 才能把损失弥补回来。

所以权益类投资（包括基金定投在内）是不要去考虑所谓的复利效应的。

从结果反算投资品种的复合年化回报率，才是对的。复合年化回报率的计算公式就是把本章前面所列本利和计算公式中的收益率 r 设为未知数进行方程计算。

沪深 300 指数过去 13 年的复合年化回报率为 0.61%，中证白酒指数的复合年化回报率为 15.09%。用这两个数值来计算复利回报才是对的。所以以后大家看到类似复利宣传的时候，要看看是不是使用的复合年化回报率，这才值得作为历史业绩回算的参考——但是历史业绩并不代表未来，只有波动是永恒的，所以还是不要被复利假设的美好迷惑了双眼。

复利效应在稳定正收益的假设环境下才会有令人惊艳的效果。

大家在各个地方所看到的、听到的关于复利效应的宣传往往是营销人员在试图提高你的预期值，以达成营销目的的推广行为。实际上我们的实际投资收益率根本就没有那么强的复利效应。

高风险资产的投资收益不可能是线性分布的，所以过分强调长期基金定投的复利效应是不对的。

如果想要在投资理财中真正享受很好的复利效应，那么就需要争取让我们每年都是正收益，不要出现负收益。

真正专业的理财人员在给大家进行理财规划的时候，一定都是通过多元资产配置来减少我们投资组合的风险，尽量达成每年的正收益回报。这就是资产配置的价值。

所以，大家再看到关于基金定投长期持续复利惊人的宣传时，请直接忽略吧。

Chapter 1

定投和一次性投资的比较

近两年有很多人对定投表达了负面的意见,因为很多人"定投了两年还亏20%",所以觉得定投其实没有什么用。甚至有人说:"定投一无是处,定投非常差。定投只是基金公司用来忽悠投资者的一个手段而已。"

绝大部分关于定投的负面观点和文章往往聚焦于"做定投不如择时一次性投资",那我们来比较一下一次性投资和定投的差别吧。

我们假设五种不同的市场场景,比较12个月内一次性投资和定投基金A的结果。(下面的举例中申购手续费都假设为零。)

第一种情况是市场一路上涨(图1-11),基金A的单位净值在12个月内从1元上涨到2元。

定投的情况如下(表1-6):

表1-6

扣款期数	1	2	3	4	5	6	7	8	9	10	11	12
扣款金额	¥1000.00	¥1000.00	¥1000.00	¥1000.00	¥1000.00	¥1000.00	¥1000.00	¥1000.00	¥1000.00	¥1000.00	¥1000.00	¥1000.00
基金单位净值	¥1.00	¥1.20	¥1.30	¥1.40	¥1.50	¥1.55	¥1.60	¥1.70	¥1.80	¥1.85	¥1.90	¥2.00
购入基金份额	1000.00	833.33	769.23	714.29	666.67	645.16	625.00	588.24	555.56	540.54	526.32	500.00
累计份额	1000.00	1833.33	2602.56	3316.85	3983.52	4628.68	5253.68	5841.91	6397.47	6938.01	7464.32	7964.32
单位份额成本	¥1.00	¥1.09	¥1.15	¥1.21	¥1.26	¥1.30	¥1.33	¥1.37	¥1.41	¥1.44	¥1.47	¥1.51
账面价值	¥1000.00	¥2200.00	¥3383.33	¥4643.59	¥5975.27	¥7174.45	¥8405.88	¥9931.25	¥11515.44	¥12835.32	¥14182.22	¥15928.64
盈亏率	0.00%	10.00%	12.78%	16.09%	19.51%	19.57%	20.08%	24.14%	27.95%	28.35%	28.93%	32.74%

图1-11 不同行情走势下，固定金额买入份额的变化：市场一路上涨

可以看到，随着单位净值的上涨，我们每一期买入的基金份额逐步减少。最终12期定投，我们共扣款12000元，购入基金份额7964.32份，期末基金账户价值为：

2×7964.32 = 15928.64（元）

收益率为：

（15928.64 － 12000）÷12000 = 32.74%

而如果我们一开始将 12000 的本金全部买入，可以获得的份额数为 12000 份，期末基金账户价值为：

2×12000 = 24000（元）

收益率为：

（24000 － 12000）÷12000 = 100%

很明显，在市场一路上涨的情况下，定投的收益率不如一次性投资。

第二种情况是市场一路下跌（图 1-12），基金 A 的单位净值在 12 个月内从 2 元下跌到 1 元。

定投的情况如下（表 1-7）：

表1-7

扣款期数	1	2	3	4	5	6	7	8	9	10	11	12
扣款金额	¥1000.00	¥1000.00	¥1000.00	¥1000.00	¥1000.00	¥1000.00	¥1000.00	¥1000.00	¥1000.00	¥1000.00	¥1000.00	¥1000.00
基金单位净值	¥2.00	¥1.90	¥1.80	¥1.70	¥1.60	¥1.50	¥1.40	¥1.30	¥1.25	¥1.20	¥1.10	¥1.00
购入基金份额	500.00	526.32	555.56	588.24	625.00	666.67	714.29	769.23	800.00	833.33	909.09	1000.00
累计份额	500.00	1026.32	1581.87	2170.11	2795.11	3461.77	4176.06	4945.29	5745.29	6578.62	7487.71	8487.71
单位份额成本	¥2.00	¥1.95	¥1.90	¥1.84	¥1.79	¥1.73	¥1.68	¥1.62	¥1.57	¥1.52	¥1.47	¥1.41
账面价值	¥1000.00	¥1950.00	¥2847.37	¥3689.18	¥4472.17	¥5192.66	¥5846.48	¥6428.88	¥7181.61	¥7894.35	¥8236.49	¥8487.71
盈亏率	0.00%	-2.50%	-5.09%	-7.77%	-10.56%	-13.46%	-16.48%	-19.64%	-20.20%	-21.06%	-25.12%	-29.27%

图1-12　不同行情走势下，固定金额买入份额的变化：市场一路下跌

可以看到，随着单位净值的下跌，我们每一期买入的基金份额逐步增多。最终12期定投共扣款12000元，购入基金份额8487.71份，期末基金账户价值为：

1×8487.71 = 8487.71（元）

收益率为：

（8487.71－12000）÷12000 = －29.27%

而如果我们一开始将12000的本金全部买入，可以获得的份额为6000份，期末基金账户价值为：

1×6000 = 6000（元）

收益率为：

（6000－12000）÷12000 = －50%

持续下跌的市场中，定投和一次性投资都会有亏损，但是定投由于是分批买入，而且成本越买越低，所以最终的亏损幅度大大低于一次性投资。

从上面两个场景假设我们可以得到结论：只要我们能够做到在低位买高位卖，那么投资的收益就一定会很好，市场如果一路上涨，定投不如一次性投资；市场如果一路下跌，定投和一次性投资都会亏钱，最佳的选择是不做投资。

所以现在问题就来了：如果我们能够知道未来市场一定会涨，那么自然应该一次性买入；而如果我们能预知市场接下来会跌，那肯定应该空仓等待。所以重要的是我们要如何准确地判断未来市场到底是会涨还是会跌。

大家觉得自己具备这个能力吗？

只要是做一次性投资，我们就永远避不开一个问题，这个问题叫作择时。择时意味着我们必须要针对短期市场进行判断，判断接下来市场是怎样的走势。而在投资中，最难的就是择时。

我们怎么可能预知市场明天是会涨还是会跌？我们怎么能预知接下来一个月市场到底是会涨还是会跌？市场的魅力不就在于不确定性吗？不就在于涨跌的无法预测吗？

相信熟悉投资的朋友都听说过华尔街流传的一句话："要在市场中准确地踩点入市，比在空中接住一把飞刀更难。"可见，在投资中，择时的难度很大，而精准择时更是难于上青天。

如果大家觉得自己确实具备非常优秀的择时能力，那定投对你而言确实是没有什么意义的，完全可以忽略，直接到股票市场中进行精准的波段操作才是最适合你的投资方式。

我觉得，普通的投资者、普通的老百姓是不具备这种预测短期市场的能力的。坦白地讲，我也不具备。如果有人问我短期市场会涨还是会跌，那我肯定得拍脑袋随便说一个答案，反正正确率50%嘛。

看到这里，大家是不是觉得按照这种说法，专业就没有用处了？其实专业的作用在于根据各种影响市场变化的因素进行综合分析，提升对于市场未来走势的判断的正确率。而正确率就算有了提升，不还是有所谓的"黑天鹅"嘛。

所以对于普通投资者，我真的建议不要去做择时。择时就像进赌场一样，最终十赌九输，是风险远大于收益的事情。

所以，定投真正解决的问题其实就是择时的问题。

你不用去考虑未来市场是涨还是跌，只要坚持不断地做定投，那么市场有任何风吹草动，你都会跟随市场享受到相应的收益或者说承受相应的损失。

第三种情况是市场先跌后涨（图1-13），基金单位净值从2元跌到1元，再从1元涨回2元。

定投的情况如下（表1-8）：

表1-8

扣款期数	1	2	3	4	5	6	7	8	9	10	11	12
扣款金额	¥1000.00	¥1000.00	¥1000.00	¥1000.00	¥1000.00	¥1000.00	¥1000.00	¥1000.00	¥1000.00	¥1000.00	¥1000.00	¥1000.00
基金单位净值	¥2.00	¥1.80	¥1.60	¥1.40	¥1.20	¥1.00	¥1.10	¥1.30	¥1.50	¥1.60	¥1.80	¥2.00
购入基金份额	500.00	555.56	625.00	714.29	833.33	1000.00	909.09	769.23	666.67	625.00	555.56	500.00
累计份额	500.00	1055.56	1680.56	2394.84	3228.17	4228.17	5137.27	5906.50	6573.16	7198.16	7753.72	8253.72
单位份额成本	¥2.00	¥1.89	¥1.79	¥1.67	¥1.55	¥1.42	¥1.36	¥1.35	¥1.37	¥1.39	¥1.42	¥1.45
账面价值	¥1000.00	¥1900.00	¥2688.89	¥3352.78	¥3873.81	¥4228.17	¥5650.99	¥7678.45	¥9859.74	¥11517.06	¥13956.69	¥16507.44
盈亏率	0.00%	-5.00%	-10.37%	-16.18%	-22.52%	-29.53%	-19.27%	-4.02%	9.55%	15.17%	26.88%	37.56%

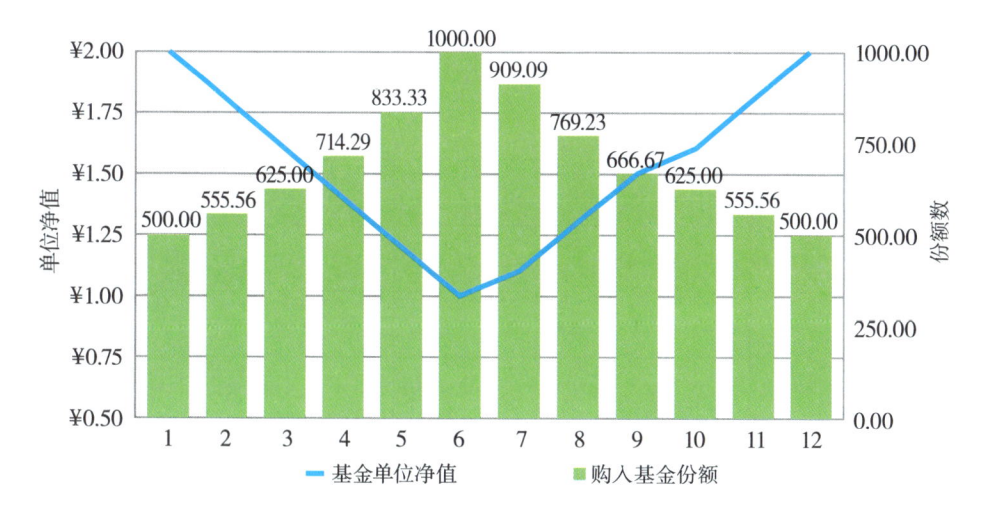

图1-13 不同行情走势下，固定金额买入份额的变化：市场先跌后涨

前半段随着单位净值的下跌，我们每一期买入的基金份额逐步增多。后半段随着单位净值的上升，买入的份额逐步减少。最终12期定投共扣款12000元，购入基金份额共8253.72份，期末基金账户价值为：

2×8253.72 = 16507.44（元）

收益率为：

（16507.44 － 12000）÷12000 = 37.56%

在这种情况下，因为一开始的基金单位净值和最后的单位净值是一样的，所以一次性投资收益率为零。

所以在这种市场先跌后涨回原点的假设情况下，定投比一次性投资具有优势。

第四种情况是波动频繁但最终上涨（图 1-14）的市场环境。

定投的情况如下（表1-9）：

表1-9

扣款期数	1	2	3	4	5	6	7	8	9	10	11	12
扣款金额	¥1000.00	¥1000.00	¥1000.00	¥1000.00	¥1000.00	¥1000.00	¥1000.00	¥1000.00	¥1000.00	¥1000.00	¥1000.00	¥1000.00
基金单位净值	¥1.50	¥1.20	¥1.30	¥1.80	¥1.60	¥1.40	¥1.10	¥1.05	¥1.60	¥1.40	¥1.30	¥1.80
购入基金份额	666.67	833.33	769.23	555.56	625.00	714.29	909.09	952.38	625.00	714.29	769.23	555.56
累计份额	666.67	1500.00	2269.23	2824.79	3449.79	4164.07	5073.16	6025.54	6650.54	7364.83	8134.06	8689.62
单位份额成本	¥1.50	¥1.33	¥1.32	¥1.42	¥1.45	¥1.44	¥1.38	¥1.33	¥1.35	¥1.36	¥1.35	¥1.38
账面价值	¥1000.00	¥1800.00	¥2950.00	¥5084.62	¥5519.66	¥5829.70	¥5580.48	¥6326.82	¥10640.87	¥10310.76	¥10574.28	¥15641.31
盈亏率	0.00%	-10.00%	-1.67%	27.12%	10.39%	-2.84%	-20.28%	-20.91%	18.23%	3.11%	-3.87%	30.34%

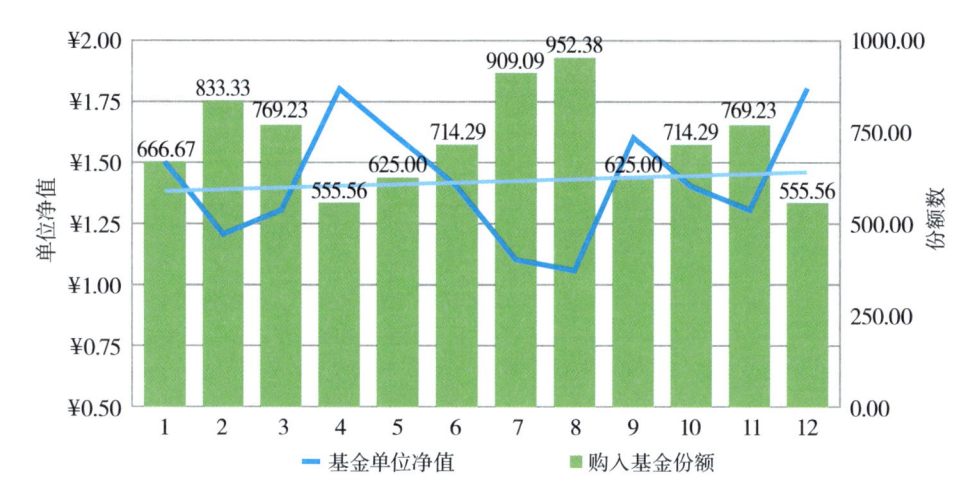

图1-14　不同行情走势下，固定金额买入份额的变化：波动频繁但最终上涨

12期定投共扣款12000元，购入基金份额共8689.62份，期末基金账户价值为：

$1.8 \times 8689.62 = 15641.32$（元）

收益率为：

（15641.32－12000）÷12000＝30.34%

而如果我们在一开始将12000的本金以1.5元单位净值全部买入，可以获得的份额为8000份，期末基金账户价值为：

$1.8 \times 8000 = 14400$（元）

收益率为：

（14400－12000）÷12000＝20%

在波动频繁但最终上涨的市场中，定投和一次性投资都能赚钱，而最终哪种方式赚钱更多，取决于期末和期初相比涨幅的大小和过程中波动幅度的大小。

那如果遇到波动频繁但最终下跌（图1-15）的市场环境，即第五种情况，到底是定投更好还是一次性投资更好呢？我们再假设试投一次（表1-10）。

表1-10

扣款期数	1	2	3	4	5	6	7	8	9	10	11	12
扣款金额	¥1000.00	¥1000.00	¥1000.00	¥1000.00	¥1000.00	¥1000.00	¥1000.00	¥1000.00	¥1000.00	¥1000.00	¥1000.00	¥1000.00
基金单位净值	¥1.60	¥1.20	¥1.30	¥1.80	¥1.60	¥1.40	¥1.10	¥1.05	¥1.60	¥1.40	¥1.30	¥1.40
购入基金份额	625.00	833.33	769.23	555.56	625.00	714.29	909.09	952.38	625.00	714.29	769.23	714.29
累计份额	625.00	1458.33	2227.56	2783.12	3408.12	4122.41	5031.50	5983.88	6608.88	7323.16	8092.39	8806.68
单位份额成本	¥1.60	¥1.37	¥1.35	¥1.44	¥1.47	¥1.46	¥1.39	¥1.34	¥1.36	¥1.37	¥1.36	¥1.36
账面价值	¥1000.00	¥1750.00	¥2895.83	¥5009.62	¥5452.99	¥5771.37	¥5534.65	¥6283.07	¥10574.20	¥10252.43	¥10520.11	¥12329.35
盈亏率	0.00%	-12.50%	-3.47%	25.24%	9.06%	-3.81%	-20.93%	-21.46%	17.49%	2.52%	-4.36%	2.74%

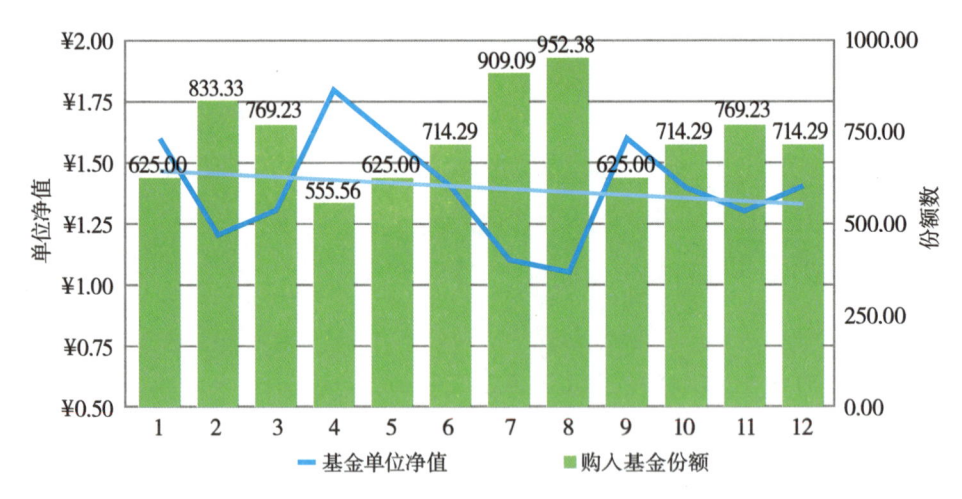

图1-15 不同行情走势下，固定金额买入份额的变化：波动频繁但最终下跌

12 期定投共扣款 12000 元，购入基金份额共 8806.68 份，期末基金账户价值为：

1.4×8806.68 ＝ 12329.35（元）

收益率为：

（12329.35 － 12000）÷12000 ＝ 2.74％

在这种情况下，如果我们一开始将 12000 的本金以 1.6 元单位净值全部买入，可以获得的份额为 7500 份，期末基金账户价值为：

1.4×7500 ＝ 10500（元）

收益率为：

（10500 － 12000）÷12000 ＝ －12.5％

定投最终是正收益，而一次性投资亏损不小。

其实看到这里，大家应该都明白了一次性投资的收益只取决于买入时的成本和卖出时的价格孰高孰低，和持有过程中的价格变动没有关系。

而定投，每期扣款时基金净值的变化都会影响到持仓成本的变化，最终影响到投资结果。

从上面五个场景假设中我们可以得到结论：在上涨的市场环境中，定投和一次性投资都能赚钱，哪个赚钱更多，要看最终上涨的幅度和过程中的波动幅度；而在市场下跌的情况下，定投相比一次性投资优势明显，可以大幅降低亏损幅度，甚至还有可能赚到钱。

所以，到底是一次性投资更好，还是定投更好呢，似乎两种方式各有千秋，不能简单用一句话来下结论。

后面我还会用具体的基金产品来做一次性投资和定投的比较，大家可以看看实战中两者的优劣比较。

Chapter 2

Chapter 2

定投什么时候开始比较好

前面讲了定投的好处,接下来我们说说怎么做基金定投。

首先第一个问题是:什么时候开始做基金定投比较好?

在我进入基金行业的这十多年间,不管是在市场的高点、低点,还是反复震荡的时候都会有人问我:现在可以开始做基金定投吗?

我的回答是:如果你还没有投资过基金,还没有尝试过基金定投,那么现在就是最好的时点。

做基金定投有一个基本的前提,那就是明确你所参与投资的这个市场所处的经济大环境、整个资本市场长期的大方向到底是往上还是往下。这一点非常关键。

假设我们现在处于 100 多年前的晚清时期,整个国家的国力都已经衰落并且逐步走向崩溃,那这种时候你要不要去做基金定投呢——如果当时有资本市场和基金定投的话？

我想答案不言而喻！这种时候不仅是基金定投，几乎所有的高风险投资都应该规避吧。因为在可预见的未来市场长期都是往下的，如何能够在乱世中安全地活下来才是大家首要考虑的问题。

但是站在现在的时点，我们正处于为中华民族伟大复兴奋力前行的时期，我国的 GDP 总额已经高居世界第二。大家认为中国的将来是会往上还是往下呢？我想绝大多数人应该都跟我一样，坚定地相信我国的未来会变得更好。

资本市场本是依托于实体经济发展起来的，随着中国国力的提升、实体经济的进一步发展壮大，中国的资本市场尤其是中国的股票市场必然会越来越好。如果在更长的未来视野中回过头来看的话，现在的市场位置一定是处于底部区间的。

现在的我们，正被美国在关键领域"卡脖子"，高科技的自主创新和关键领域的技术突破就显得尤为重要和迫切。

由于高科技的创新难度很大，成本不菲，完全靠政府的直接补贴是很难起到良好作用的，所以如何鼓励更多的社会资本参与到科技领域的投资中来就成了一个亟待解决的问题。作为社会资本，投资项目的根本目的是赚钱盈利。而对于天使投资、VC（风险投资）、PE（私募股权投资）而言，如果投资的项目未来上市 IPO（首次公开募股）的概率很大，那么就能获得顺畅的退出渠道，完美实现自己的投资目标。我们现在已经落地了全面注册制，大幅降低了 IPO 的门槛，尤其是对于符合国家重点行业发展方向的科技创新企业，更是有特殊的制度安排，可以放宽对于盈利的要求。这样的安排将会极大激发社会资本参与科技创新领域的投资热情，最终助力我国关键领域的突破发展。

所以在这样的时代背景下，我国资本市场健康发展的重要性不言而喻，未来政策层面的保障不会缺位。

而注册制降低了 IPO 的门槛，也会从根本上改变 A 股市场过去重炒作轻投资的不良习惯。大家可以回想一下自己或身边朋友过往炒股的经历，是不是绝大多数人买股票都是"听消息"的？那么大家喜欢听的是什么消息呢？往往是"并购重组的内部消息"。

由于过去 A 股市场 IPO 一直实行的是核准制，上市难度大，周期长，所以很多想要上市融资的公司，最后都选择了"买壳上市"这种方法，去收购一家已经上市的公司，并表后实现曲线 IPO 的目的。

什么样的上市公司才更可能被"买壳"呢？一定是那些本身经营状况一般甚至比较差的，这样"买壳"的成本才会更低。所以，最后被"并购重组"的往往是一些市场上的垃圾股，只要被并购成功，乌鸡就变成了凤凰，持有原公司股票的投资人便一夜暴富。

这就是过去 A 股常见的投资故事，炒小炒差变成了习惯，听消息想一夜暴富的投资人绝大多数最终是惨淡离场。

而注册制大幅降低了 IPO 的门槛，想要上市的公司无须再通过"买壳"的方式曲线上市了，这就意味着市场上的垃圾股已经失去了再炒作"借壳"的噱头，自然会逐渐被资金抛弃。

注册制落地后带来的另外一个制度性改变就是股票退市的力度将会加大。降低了 IPO 的门槛，相当于拓宽了进来的门，市场上的股票数量将会变得更多，在这种情况下，退出的门自然也会开得更大，使市场的优胜劣汰机制更加有效。

根据 Wind 的统计，A 股市场在 2020 年 12 月 31 日以前的 30 年时间中，退市的公司共 127 家，而从 2021 年到 2024 年 4 月末的 3 年多时间，退市的公司已经达到了 120 家。退市力度的加大使得垃圾股的投资风险进一步被放大，投资者也会把资金更多地投向那些真正具有长期价值的优质公司股票。

所以注册制改革的全面落地，为 A 股未来的长牛奠定了制度基础。

如果大家认同上述我的观点，那么现在开始基金定投或者继续坚持基金定投，就一定是正确的事情。

现在就是好的时候。那是不是只有现在才是好的时候呢？我觉得也不能这样讲。

在前面章节中我们已经讲过，基金定投是通过分批买入的方式来降低我们持有份额的成本，所以基金定投需要的是这样一个过程：在你扣款的过程中，如果基金单位净值一路往下跌，那么你每期买到的基金份额就会变得越来越多；如果在扣款的过程中基金单位净值往上走，那么你每期买到的高价份额就变得越来越少……长此以往，你的持有成本就降低了，而且定投的持仓成本大概率会低于同时期市场的平均成本。

所以严格意义上来说，如果是在市场的最低位开始做定投，未必是一件好事，这个时候最佳的选择应该是一次性买入。只是没有人知道什么时候是市场的最低点而已，就算真的是最低点，估计敢买的人也没有几个吧。

那么开始基金定投最恰当的时间是什么时候呢？你会发现，也许从高位开始做基金定投也蛮好的。因为基金单位净值随着市场下跌而降低，我们买到的份额越来越多，买到的成本越来越低。但是这么一说，好像也有一个问题——如果我们知道市场要跌，那为什么还要买入呢？等市场跌完了再买不好吗？于是我们又回到了上一段的最后的那个问题：没人知道什么时候才跌完了。

讲到这里，我们发现又回到了最开始的起点：基金定投解决的就是择时的问题。所以什么时候开始做基金定投一点都不重要。重要的是，你有没有开始做基金定投？你有没有开始进入这个市场中来参与投资？

最佳的投资方式肯定是在最低的位置买，在最高的位置卖。然后等待市场再跌到最低再买，下一个高点再卖出，如此循环。但是我们都知道这种事情是不可能发生的。

所以我们要保证的是：当市场上涨的时候，我得在这个市场里面，我得参与这个市场，这样才不会踏空上涨的行情。这就是说我们不能离开市场，不能离开市场就意味着我们得买啊。

而什么时候买才对呢？如果大家不是通过基金定投的方式来进行投资，大概率最后择时投资的全过程就是"追涨杀跌"四个字。

基金定投可以帮我们规避追涨杀跌，它是一个带有一点强制性、带有纪律性的投资方法。这就是为什么我一直坚信基金定投是最适合普罗大众的一种投资方法，因为它可以保证我们一定在市场里面，并且能够大幅降低我们建仓过程的风险。

所以定投从什么时候开始比较好？如果你还没有开始做定投，那么从现在开始就一定是最好的。

Chapter 2

三个不同的定投人

在上一节中，我提出的观点是：现在开始定投就是最好的。但是我相信一定会有朋友还有疑问：现在市场已经涨得很高了，如果要做定投，会不会等到市场跌下去一点之后再开始更好呢？

对于类似的疑问，我首先想强调的是：对于市场"高"或者"低"的评价往往是事后才能知道是否正确的，你所感知的市场位置并不一定准确。这个疑问的本质在于你还是想要"择时"。而我反复强调的是：定投不要择时，定投解决的最大问题就是择时问题。

为了进一步解答大家的疑惑，接下来我用三个运气不同的投资人举例，来给大家测算一下在不同市场位置开始进行基金定投的区别。

第一个是"运气很差"的投资人 A，他非常不幸，是在 2007 年 10 月 17 日上证指数 6124 点的时候开始进行基金定投的——比我还倒霉。

第二个是"运气很好"的投资人 B，他非常幸运，是在 2008 年 10 月

28日上证指数一路狂跌到1664点时开始进行基金定投的,精准抄底。

第三个是"运气一般"的投资人C,他既没有在市场最高点开始,也没有赶上市场最低点,而是在市场处于中位时开始进行基金定投,我们假定当天是2008年4月15日,上证指数的收盘为3348点。

我们来看看在大概6000点、1600点和3300点开始对同一只基金进行定投,究竟会有多大的收益率差距。测算截止日期为2023年4月30日。

我们以指数基金为例来进行测算。为了避免基金公司在被动投资过程中因为管理能力的问题而出现较大的偏离,我这里直接用指数的点位(价格)来作为定投测算的标的。

我们首先看看定投中证500指数的差别。

表2-1

投资人	开始时间	结束时间	定投产品	每月扣款金额(元)	扣款期数	总扣款金额	账户价值	收益率
A	2007年10月	2023年4月	中证500	500	187	93500	129324.4	38.31%
B	2008年10月	2023年4月	中证500	500	175	87500	113297.9	29.48%
C	2008年4月	2023年4月	中证500	500	181	90500	118423	30.85%

不同时间开始定投,收益率确实会有差别,但是大家可以从表2-1中看到,差别并没有想象中那么大。更重要的是,表中总收益率最低的居然是投资人B,他可是"精准抄底",在市场最低点开始定投的人啊。而收益率最高的居然是在上证指数最高点开始定投的投资人A。

我们再换个沪深300指数看看同样设定下的长期定投结果。

表2-2

投资人	开始时间	结束时间	定投产品	每月扣款金额（元）	扣款期数	总扣款金额	账户价值	收益率
A	2007年10月	2023年4月	沪深300	500	187	93500	118301.3	26.53%
B	2008年10月	2023年4月	沪深300	500	175	87500	108227.1	23.69%
C	2008年4月	2023年4月	沪深300	500	181	90500	111346.8	23.04%

从表2-2中可以看到，三个人定投沪深300的收益率相差不大，而收益率最高的依然是运气最差的A，B和C的收益率几乎相同，差别微乎其微。

所以从指数的定投来看，真的没有什么必要去关注你开始进行基金定投时是在市场的高位还是低位。

我们接下来用主动管理型基金（以"××天惠"为例）来测算一下。

表2-3

投资人	开始时间	结束时间	定投产品	每月扣款金额（元）	扣款期数	总扣款金额	账户价值	收益率
A	2007年10月	2023年4月	××天惠	500	187	93500	246946.01	164.11%
B	2008年10月	2023年4月	××天惠	500	175	87500	220566.36	152.08%
C	2008年4月	2023年4月	××天惠	500	181	90500	235442.50	160.16%

从表2-3中可以看到，和指数定投测算的结果是类似的。不管是从市场高点开始，还是从市场低点开始，抑或是从市场中游开始进行基金定投，长期坚持之后的收益率差别是不大的。

所以，不要再纠结于现在市场到底是处于高位还是低位了，定投真的不需要择时，需要的是坚持！

当大家看到上面的这些数据之后，会不会觉得从 2007 年、2008 年定投到 2023 年，经历了十几年的时间，哪怕是收益最高的定投收益率测算结果也才 164.11% 而已，平均算下来年化收益也才不到 12%，这样看来长期定投实际上收益率真的不高啊。

别着急，这就涉及后面我们将要讲到的重要的定投技巧：止盈。只有做好止盈才能避免"曾经赚过很多钱"的悲剧。

Chapter 2

定投需要长期持续吗

大家如果有去了解过基金定投，或者被理财经理推荐过基金定投产品的话，相信肯定知道一个观点：基金定投是一个长期的过程，需要长期持续，才会有不错的收益。

但是从上一节的测算数据来看，基金定投10多年的收益率似乎并不高，所以做基金定投到底做多长时间才是对的？是不是应该长期持续呢？

我的观点是：基金定投的长期持续是有必要的，但不是说做了基金定投就可以长期完全不去关注了。

基金定投的扣款投入是需要长期持续的，当然前提是选一只值得长期投资的好基金，选一个好的投资标的——比如说选一个很有成长性的指数去进行长期定投就比较好。

但是我们一定不能说设置好基金定投就再也不管了。如果等到急用钱的时候你才去打开基金定投账户，投资的风险就比较大了——因为你决定赎回时点的基金单位净值，决定了你的定投收益高低。

所以我的观点是：基金定投的扣款应该长期持续，但是赎回必须要聪明及时！也就是基金定投可以傻傻地扣款，但是要聪明地卖出。

● 为什么扣款需要长期持续？

之前我介绍了基金定投可以帮我们解决择时的问题，因此我们随时可以开始基金定投进行分批买入。

但实际上只有当市场出现往上行情的时候，哪怕是短期的往上行情，我们的定投才有可能真正实现盈利，甚至实现比较大的盈利——而我们需要抓住这样的盈利。但是要想把握向上的行情，就要求我们必须"在市场里面"。这样才不至于"踏空了"向上的行情，当市场突然出现行情反转的时候，我们如果没有足够的筹码，就会出现踏空的问题。

如何才能让自己在市场反转的时候不至于踏空每一波行情呢？其实定投就是最好的方式，可以让我们一直待在市场里面。

踏空最终会对投资收益产生多大的影响，我这里用一个美国的例子给大家做个说明：

1980年到2000年之间，标普500指数的复合年化收益率为11.1%，但是如果在这20年中去掉行情最好的30个交易日，收益率将会从年化11.1%下降到5.5%。

——查尔斯·D.埃利斯《赢得输家的游戏》

大家看清楚没有——20年漫长的岁月，如果中间最好的这30天你没有筹码在市场里面，你的收益将会下降一半。要在20年中间去找到这30天，是多么难的一件事情！

投资要想增厚收益赚到钱，不能靠择时去猜那最好的30天到底在哪里，这纯粹就是赌博。

刚才我用的是美股的例子，而我们的A股历来就是牛短熊长，在漫长的市场周期中，我们看到它处于下跌状态、处于熊市的时间会更长一些，而属于牛市上涨的时段会显得特别短、特别少。

当然长期来看，A股整体的上升态势还是很明显的，短期风险大，而长期风险相对更小。

我们可以看看主要股指上市至今的走势图（图2-1～图2-5）。

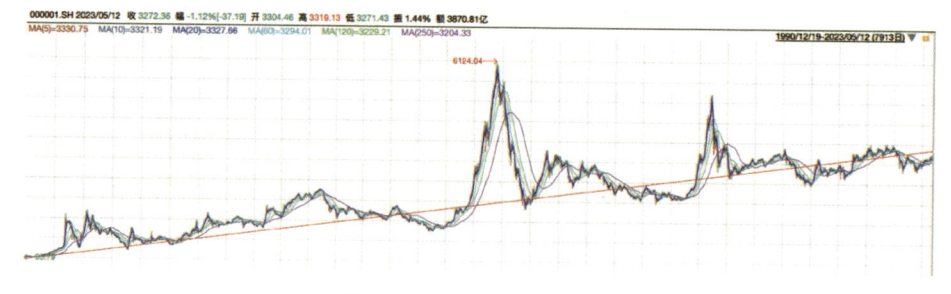

图2-1　上证综指走势图

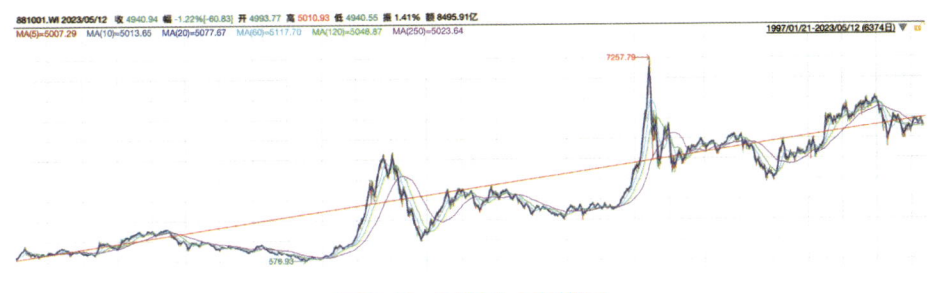

图2-2　万得全A走势图

图2-3　沪深300走势图

图2-4　中证500走势图

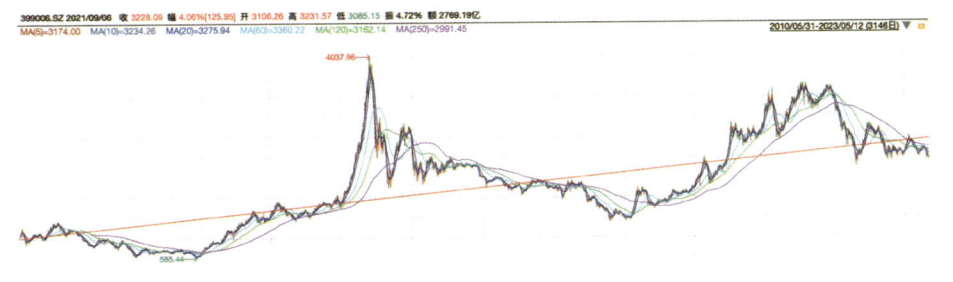

图2-5　创业板指走势图

在这样的市场环境中,我们更加需要把握住反弹和上涨的行情,更加不能踏空。

历史上 A 股的每一波行情都来得让人猝不及防,大跌之后会有阴跌,而长期阴跌使得大家都丧失信心的时候,却往往会出现连续上涨的强势行情,比如 2014 年 6 月、2019 年年初、2022 年 11 月的行情都是如此,绝大多数人几乎是猝不及防地就踏空了上涨的行情。

当市场从低位一路上行的初期,很多人还在犹豫:我到底要不要追进去?还有不少人是在这个过程中终于看到手中持有的股票和基金回本了,忙不迭地卖出减仓。

市场接着上涨,慢慢很多人开始懊恼自己错过了高达百分之几十的涨幅,那现在还要不要再跟进?会不会这波行情已经走到了结尾?越来越多的人开始纠结。

而一旦市场再持续向上突破,"踏空了"的这个想法会使人越来越后悔,你会发现越来越多的人终于按捺不住,开始进入市场进行投资,从来不买股票的人开始天天炒股、从来不买基金的人开始天天聊基金,百亿基金、爆款基金层出不穷……越来越多的人开始不断地追加投入,想挽回"已经错过"的赚钱机会,到最后大部分的资金都买在了高位,结局大概率就是在山顶上瑟瑟发抖,迎接熊市,陷入了那个永恒的人性怪圈——追涨杀跌。

没有人能够预测短期的市场,没有人能够预测反弹什么时候会来,也没有人能够预测牛市真正开场的时间。我们为什么不用定投的方式去默默持续地积累，一直踏踏实实地待在市场里面，不错过后面的每一波反弹和牛市的到来呢？只有这样，你才会发现，牛市对于你来讲是真正的盛宴！

从 A 股过去的走势来看，哪怕我们经历了阶段性的下跌，最后都可以通过时间来熨平短期的风险，最终随市场上行获得合理的投资回报。

所以我要给大家的建议就是：我们的定投扣款可以一直长期持续，这是没有问题的。基金定投可以让我们安心在市场低位和波动的时候持续布局，用更低的总和成本拿到更多的低价筹码，来等待市场的每一波反弹、每一波行情。

在市场下跌的时候，我们可以告诉自己我正在买入更多的低价筹码；在市场反复波动的时候，我们可以知道我们积累的份额成本会低于市场的平均成本；在市场上涨的时候，当身边的人都在懊恼自己错过反弹行情的时候，坚持基金定投的我们会非常开心——看着自己账户里的数字随着市场回暖快速增值！这个时候，你会发现定投原来是一件这么美妙的事情！

基金定投的扣款，是值得长期持续的！

但是我们一定要给自己设定一个非常明确的止盈目标，一旦我们的投资到达了止盈线，就一定要做赎回。否则，当你想用钱的时候，如果刚好赶上市场处于阶段性下行或阶段性的低位，你会发现哪怕经历了很长时间的定投扣款，你的账户却依然没有多少盈利，甚至还出现了亏损。

一旦出现了这种结果，大家就会觉得：基金定投并不是一个好的投资方法，没有让我赚到钱，或者说赚到的这个收益完全不值一提，甚至还亏了。

因此，我们定投要想取得良好的效果，在坚持不断扣款的前提之下，一定要去关注账户收益是不是已经达到了自己的目标盈利收益线。如果达到了，就一定要做全额的赎回。

所以基金定投的长期持续指的是我们的定投扣款——当我们选了一个好的投资标的之后，从长期来说，这个基金的单位净值一定是波动向上的，那么定投扣款就一定不要停，一定要长期坚持下去。

但是我们基金定投所积累份额的赎回一定要是有目标止盈线的主动赎回，不能傻傻地长期不进行关注，一定要能在相对的高位锁定收益，这个高位并不一定是市场的最高位，也许只要一个小反弹就够了。

否则，你很有可能会是"曾经赚过很多钱"。

Chapter 2

定投到底能赚到多少钱

在我写的《基金投资好简单》一书中，开篇就专门用一章的篇幅阐述了设定投资目标的重要性，我们一起来复习一下。

第一个问题：你有多少钱可以用来投资？
第二个问题：你的钱可以投资多长时间？
第三个问题：你能够承受多大的亏损？
第四个问题：你打算赚多少钱就走？

在投资之前，我们先想清楚自己有多少钱可以用于投资，根据资金量来框定可以选择的标的范围；然后想清楚不同资金可以参与投资的时长，根据自己能够承受的最大风险做好具体投资品种的选择，做好未来波动的心理预期；最后，在投资中获得了自己的预期收益后，果断进行赎回，落袋为安。再根据市场的实际情况，重新确认这四个投资灵魂问题的答案，开启下一轮的投资规划。

基金定投只是基金投资的一种方法而已，因此在进行基金定投之前，我们同样需要问自己这四个灵魂问题。

在前面的内容中，我们已经聊到了定投是否需要长期持续，其实就是在解答第二个灵魂提问：你的钱可以投资多长时间？

而本节，我想要和大家讨论的是：基金定投到底能够赚到多少钱？这个问题的答案对于我们回答第四个灵魂提问将会有很重要的指导意义。

前面我已经特别跟大家提过，一定要在基金定投的过程中给自己设定一个比较明确的止盈目标收益线。达到止盈线之后，就一定要做赎回。

那么止盈线设多少才是合适的呢？我认为年化10%到15%是比较合理的。

相信有很多朋友要问了：有没有可能设得更高一点？比如20%甚至30%以上，这样岂不是能赚得更多？

我们首先应该正确认识年化10%到15%的概念。

如果我们的投资能够连续获得年化10%的收益，这已经是非常了不得的一个成绩了。前面有和大家聊过复利效应，如果每年能取得10%的收益率，在复利效应下，经过7年我们的资产就可以翻倍了。所以我们要明白年化10%不是一个容易达到的投资收益率目标！从长期投资的角度来看，这个值已经非常高了。

还记得前面三个不同时间点开始定投的人长期投资下来的收益率结果吗？

在这里，我们再次请出运气最差的从 2007 年上证综指 6124 点开始定投的 A，还有运气最好的从 2008 年上证综指 1664 点开始定投的 B，以及运气一般的从 2008 年 4 月上证综指 3348 点开始定投的 C。

假设 A、B、C 三人每期都扣款 1000 元，基金的分红模式选择红利再投资，定投申购费率为 0。到 2023 年 4 月 30 日，三人的定投账户数据如表 2-4 所示。

表2-4

投资人	总期数（期）	总投入（元）	总资产（元）	总收益（元）	总收益率	年化收益率
A	187	187000	493892.01	306892.01	164.11%	11.57%
B	175	175000	441132.72	266132.72	152.08%	11.89%
C	181	181000	470855.01	289885.01	160.16%	11.80%

这里我们需要关注的是最后一列的年化收益率，不管是在市场高点、市场低点还是市场中位开始进行定投，经过十几年的长期定投后年化收益率基本一样，区别仅仅是小数点后的数字而已。

要知道，我们用来测算的 ×× 天惠基金从长期业绩来说已经是居于同类基金前列的优秀代表了。

接下来调整一下定投的时长，假设三人定投截止并赎回的时间是 2017 年 10 月 31 日，我们看看时间缩短后的定投收益率差别。

表2-5

投资人	总期数（期）	总投入（元）	总资产（元）	总收益（元）	总收益率	年化收益率
A	121	121000	281882.8	160882.8	132.96%	16.10%
B	109	109000	245905.49	136905.49	125.60%	17.47%
C	115	115000	266331.88	151331.88	131.59%	16.88%

时间缩短了5年多，三个人的年化收益率差距略微拉大了一些，但年化收益率均大于16%，小于17.5%，也就是1个百分点左右的差别。

最后假设三人定投截止并赎回的时间是2015年6月12日，也就是上一轮杠杆牛市上证综指5178点这个最高点的日子，相当于是精确择时在高点进行赎回，让我们看看结果（表2-6）。

表2-6

投资人	总期数（期）	总投入（元）	总资产（元）	总收益（元）	总收益率	年化收益率
A	92	92000	284389.43	192389.43	209.12%	28.76%
B	80	80000	242157.6	162157.6	202.70%	33.35%
C	86	86000	266188.18	180188.18	209.52%	31.05%

果然，如果能够在市场最高点精准择时赎回，定投的收益是最高的——如果有优秀的择时能力，不管是定投还是一次性投资都是可以赚到大钱的，只是到底有多少人能够拥有精准择时的能力呢？

我们将从2007年10月17日开始定投到2023年4月30日的196个份额变动日（含红利再投日）账户收益率做一个年化收益率的数据统计，如图2-6。

图2-6 定投年化收益率统计

我们会发现，在不考虑止盈的情况下，长期坚持下来的定投年化收益率基本上会在一个区间内波动，这196个数据的区间分布情况如表2-7和图2-7。

表2-7

年化收益率区间	次数
20%以上	4
15%～20%	21
10%～15%	62
5%～10%	48
0%～5%	42
亏损	19

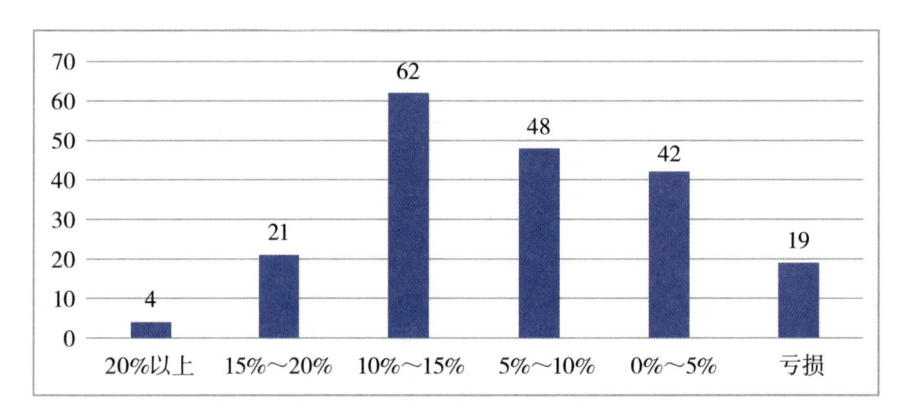

图2-7　年化收益率的区间分布情况

柱状图数据：
- 20%以上：4
- 15%~20%：21
- 10%~15%：62
- 5%~10%：48
- 0%~5%：42
- 亏损：19

可以看到次数占比最多的区间是10%～15%的年化收益区间，绝大多数收益处于5%～20%之间。所以我们可以通过上面的测算数据得到一个结论：长期定投优秀的主动管理型基金赚到15%左右的年化收益概率比较大。当然，能够遇上市场牛市行情并做到高位止盈，获得超过30%的年化收益也是有可能的，只不过这种概率比较小而已。

接着我们再用沪深300指数基金来进行测算（见图2-8，开始时间为2010年4月15日，结束时间为2023年4月17日），看看指数基金的长期定投究竟能赚到多少钱。

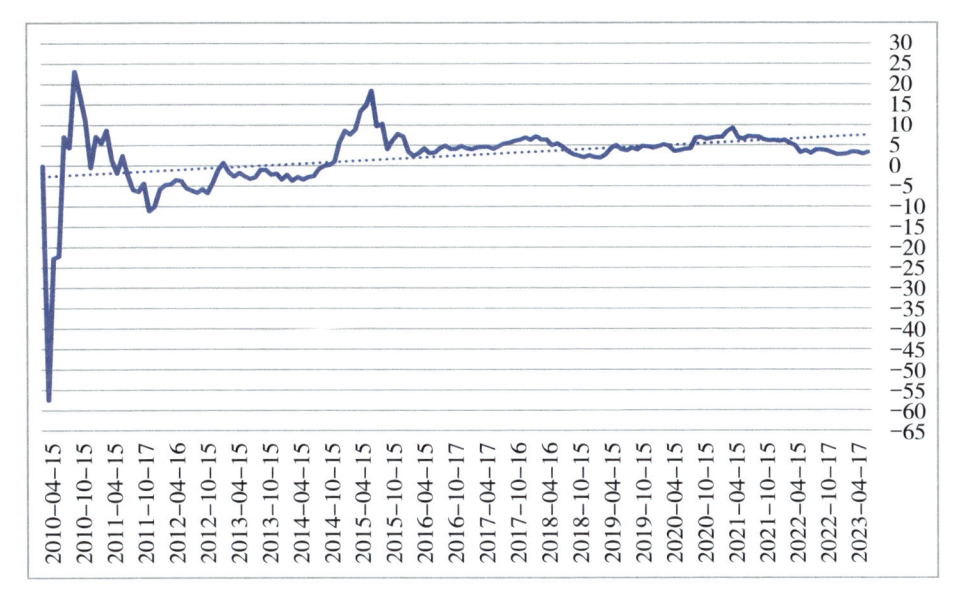

图2-8 定投年化收益率

总共157次定投扣款，年化收益率数据的区间分布情况如表2-8和图2-9。

表2-8

年化收益率区间	次数
20%以上	1
15%~20%	2
10%~15%	4
5%~10%	43
0%~5%	65
亏损	42

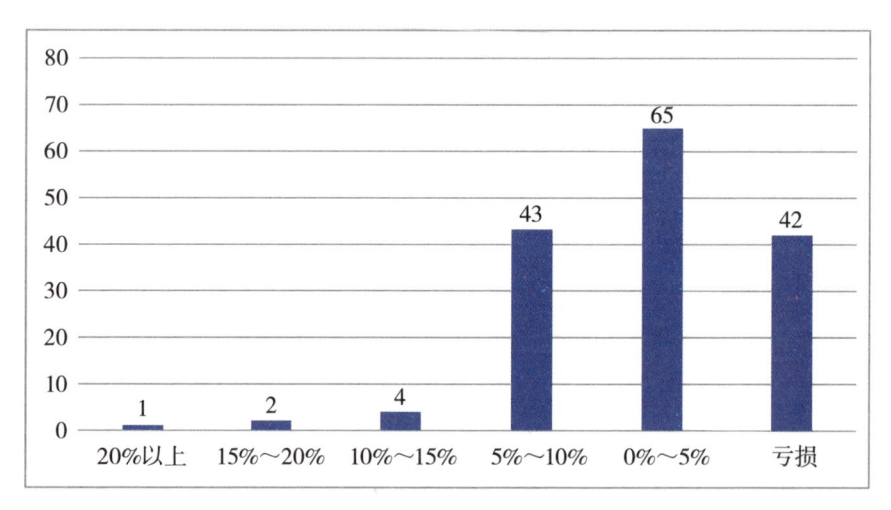

图2-9　收益率分布

次数占比最多的区间是 0%～5% 的年化收益区间，绝大多数的收益率为 0%～10%。

因此我们可以看到在从 2010 年到 2023 年的 13 年间，如果我们不止盈进行沪深 300 指数基金的持续定投，能够获得的最高年化收益大概率在 5% 左右。

接着我们再用创业板指数基金来进行测算，开始时间为 2010 年 7 月 1 日（见图 2-10）。

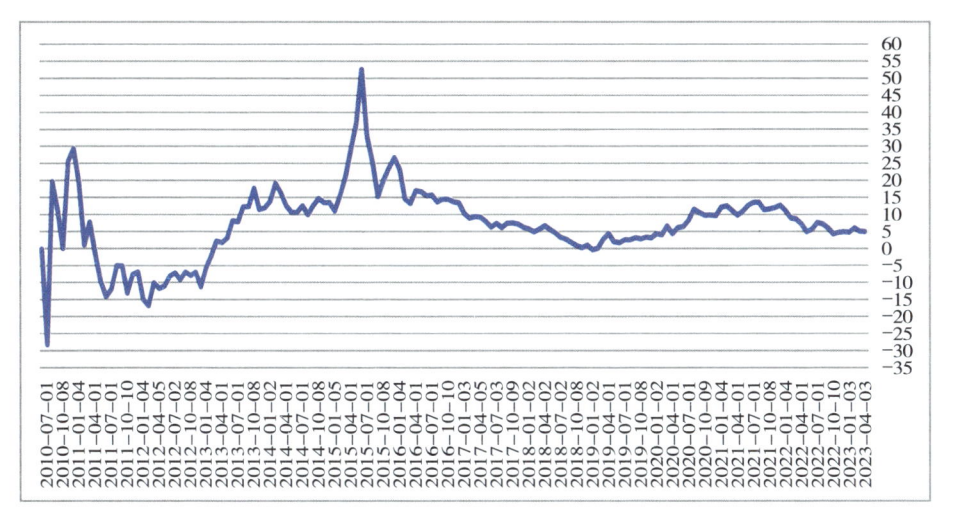

图2-10 定投年化收益率

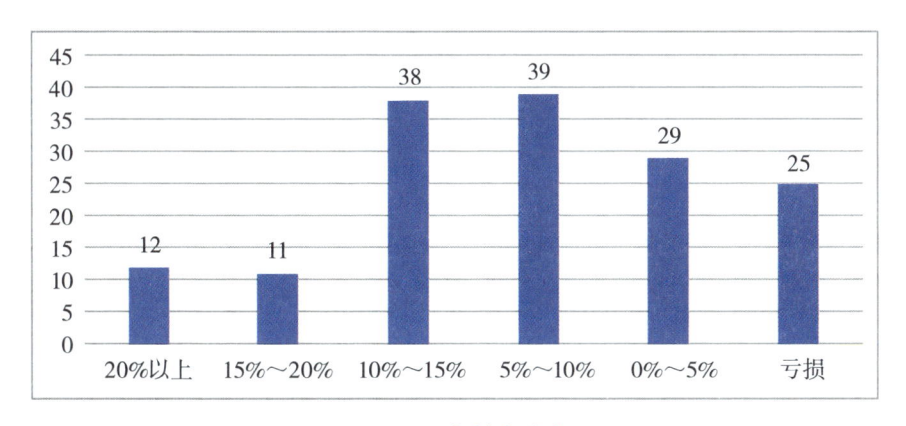

图2-11 收益率分布

从图2-11可以看到，同为指数基金，但创业板指数长期定投下来的收益率整体比沪深300指数要高出不少。绝大多数的年化收益率位于5%～15%区间，15%以上的年化收益率占比也不小。

综合以上数据及我自己10多年的基金定投经验，建议大家对于基金定投的目标收益率设定为年化10%～15%，最高不要超过20%。

如果我们选择的是波动相对更小的偏大盘蓝筹的基金产品，比如沪深 300 指数基金，那么我们的目标年化收益率还需要再往下调，设置为 5%～8% 是比较合适的。

并且从前面的测算中我们可以清楚地看到，在定投初始阶段，收益率会受短期市场波动的影响而出现大幅震荡，甚至有可能出现账面亏损。但是只要我们持续坚持定投，收益率都能回正，并最终达到 10% 左右甚至更高的年化收益率。

所以，如果你定投一段时间后，打开账户发现居然没有浮盈甚至是浮亏的，或者说只有一点点的收益，那我建议你还是再继续坚持一下。因为这意味着此时的市场正处于一个相对的低位，如果这个时候去做赎回，其实是蛮亏的，而你前期的这种低位布局铺垫已经做得足够了，已经经历了一段"微笑曲线"的左侧，需要的是坚持等待"微笑曲线"的右侧走完，获得应得的收益。

总结一下，**定投不管是在高位做、低位做，还是在中位做，只要时间足够长，定投的年化收益率都会趋向于一致。优秀的主动管理型基金年化收益率可以达到 15%～20%，大盘蓝筹的指数基金年化收益率可以达到 5%～8%，波动更大的成长型指数基金年化收益率可以到 10%～15%。**

这就是基金定投到底能够让我们赚多少钱的答案。

而我们的定投止盈线目标，就应该设置在答案附近。

Chapter 2
做基金定投的心态

决定投资是否成功的关键，其实不是技术，而是心态。

过去的这些年，我在微信公众号、视频号、喜马拉雅后台收到很多投资者的留言，大部分是关于基金定投的问题。在这些问题中，有两类问题是出现得比较多的。一类是这样的问题："老师，我定投了一两个月，然后已经赚了10%了，我到底要不要赎啊？我现在赎回，感觉好像又挺少的。不赎吧，已经达到了您所说的绝对收益10%的止盈线，我到底该怎么办呢？"从问题就可以看到投资者非常纠结的心态了。

还有另外一类问题，体现的是另一种心态。因为我在过去这些年的各种直播、节目和文章中都和大家分享过我自己2010年进行中证500指数基金定投并获得了不错收益的案例，所以有不少投资人也就开始定投了中证500指数基金，但是发现自己已经做了3年中证500的定投了，到现在还是亏钱的。所以觉得定投好像没有什么特别之处，也不知道什么时候才能赚钱，已经没有坚持下去的信心了，不少人已经停止了定投扣款。

以上的两种心态，不知道正在看书的你是不是也有呢？

如果赚了，犹豫要不要赎回，怕赎回早了，错过后面的大涨。如果亏了，觉得懊悔，早知道一开始就不投资了。想赢怕输，很多时候都是大家的常有心态。

怎样的投资才是对的，怎样的投资才是真正适合你的呢？自从 2015 年股市严重动荡之后，我在每一场线下的培训或讲座活动中，都会用一句话来作为结尾——

投资是为了让生活变得更好，千万不要让投资成了生活的负担。

当你因为做了某项投资而茶饭不思，连觉都睡不安稳，每天涨了不开心，纠结要不要马上把它卖掉，只怕马上会跌下来；跌了更不开心，一天到晚就想着为什么自己的运气这么差，懊恼不已。所以不管涨跌都茶饭不思，都让你的生活变得不开心的话，那么这项投资肯定是不适合你的，这项投资已经超出了你能承受的风险范围。

而基金定投从原理上来说就不应该是这样的一种投资方式，因为我们本来就是通过分批的方式进行买入，并且因为分批，我们可以在跌的时候买入更多低价的份额，涨的时候我们也有持仓的份额可以随着净值上涨而赚到收益。

但是很多投资者却恰恰因为做基金定投而影响了正常生活的心情，陷入纠结的情绪中。

其实这就说明我们对待基金定投的心态出现了偏差，我们需要再明确一下投资的基本原则。

投资最正确的做法，应该是先设定一个投资目标，然后再根据这个目标去设计相关的方案。而这个投资的目标应该包括以下几个方面。

第一，你的这笔投资打算做多长时间？

第二，你想要达到的投资盈利目标是多少？千万不要将投资目标设定为赚得越多越好。如果是这样的目标，到最后基本上都是亏钱的，因为这就像进赌场的心态，赌徒最后都是会输的。

第三，评估一下自己能够承受的最大的一个亏损幅度是多少。

只有确定了这三点，才能够设计出合理可行的投资方案。

其实这就好比我们设定自己的减肥计划。近些年，健身特别流行，很多朋友都热衷于小健身卡、去健身房。当你的教练为你设定减肥计划、制订健身方案的时候，他是不是先要问你的目标到底是增肌、塑形还是减肥？如果你想达到这个目标的话，你打算花多长的时间做到？在这个过程中，你需要每周上几次课，你能否做到？确认以上三点后，他就会开始跟你制订具体的健身方案。

大家看这是不是和我前面说的投资方案制订过程一模一样。

但是现实中你会发现，很多朋友健身仅是"办卡一时爽，办完躺平长"。

办卡的时候特别有干劲，办完卡之后的第一个月可能也还有动力去健身房，但是从第二个月开始，逐渐就懒散下来，最后整个健身计划也就无疾而终。

为什么会发生这样的事？为什么大概率会出现这样的情况呢？

因为我们在健身的时候总期待经过一两次的锻炼、一两次的健身课，就迅速看到自己在身材方面或者体重方面的变化。当我们发现辛辛苦苦坚持了一个月之后，好像并没有看到肉眼可见的变化，就开始怀疑，就开始懒散。

其实大部分人参与基金定投的心路历程也是同样的。

基金定投是一种非常简单、有纪律性的投资方法，要做的就是选好标的基金，定好扣款的期限，并且在达到目标止盈位的时候果断进行止盈。在整个过程中，你唯一要做的就是坚持每一期的扣款。

但是，很多朋友之所以不能坚持定投，就是因为在这个过程中，短期看不到盈利，或者达到了相应的盈利目标后又舍不得赎回——总担心赎回之后，市场继续上涨，会错过后面的机会。想得太多，患得患失，最后基本上就会变成追涨杀跌。**投资有时候简单更好——做得简单，想得也要简单。**

我真心建议大家不要在做了基金定投之后天天去关注自己的定投账户和定投产品的净值涨跌情况，原因有以下两个：

首先，不管大家用多少资金进行基金定投，其实定投金额相对于你整体的资产而言、相对于一次性投资而言都只是一个小数目。所以一个比较小的投资金额在很短的时间周期里，其实是看不到什么明显的赚钱效果的。而公募基金在每个交易日的净值变化幅度其实都比较有限。所以一个比较小的金额，乘以一个比较小的净值变化幅度，真的不值得每天花时间去关注。

其次，如果我们每天去关注所定投的基金，有可能会形成一种反效果。因为人的内心对于赚钱总是不嫌多的，但是对于亏损又非常敏感。就像我们前面所讲，一个小的金额乘以一个比较小的净值波动幅度，如果这个数字是往上波动的，也就是上涨的，大家心里往往会觉得："定投了这么久，也才赚了这么一点点，一点意思都没有，不如干脆一次性把所有钱都买进去算了。如果我在一开始不是做定投，而是把所有的钱一次性买入，那么赚的钱已经比现在多得多了。"

有了这种想法之后，你就要开始进入追涨的节奏了……追涨杀跌是散户投资者无法有效跟随市场长期上涨趋势并赚取收益的最大原因。

而反过来说，如果我们天天盯着看定投产品而基金净值是往下波动的，人对于亏损是极其敏感的，哪怕只亏了一点点，我们心里也会有另外一种想法："天哪，这个投资，从我定投扣款起，就从来没有浮出过水面，一直都在亏钱。最近的市场真的不好，各个大V都在说金融危机要来了，国内的经济数据又这么差，肯定短期是没有什么机会了。算了，这一期的扣款还是先缓一缓，暂时先不要扣了，等市场真的缓过来，等前面的投资浮出了水面，再考虑进行追加扣款吧。"

所以如果我们做了基金定投之后天天盯着看、时时盯着看，大概率这个定投计划会无以为继。市场上涨，很有可能我们会进入追涨的状态，最终一次性投进去想博个短期赚快钱的效果；而当市场下跌，我们又开始怀疑市场，决定先等等看，等看到市场开始回暖，再重新扣款。

不管涨还是跌，只要我们天天盯着看，基金定投很有可能就没有办法坚持下去了。

但很多朋友又会有这样一个疑问：你不是说基金定投要及时止盈吗？我不看，怎么知道有没有到止盈线呢？

那么做了基金定投到底多久去看一次账户呢？我会给大家下面的建议：

第一，如果我们选择的是月扣款，那么每个月扣款的时候，大家可以看一看自己定投账户的盈亏情况。市场跌了账面浮亏，不用着急，因为这意味着你这一次扣款买到份额的成本更低，数量更多。而如果市场上涨，在一开始也不足喜，因为市场再怎么往上涨，这个时候金额还比较少，绝对收益并不高。如果过了12个月之后，大家发现盈利已经达到了之前所设置的止盈线，那么就果断地进行赎回——一般来讲，定投一年之内我是不太建议做止盈赎回的——除非市场在短期之内出现了暴涨，大家账面的绝对收益已经达到了设定的年化收益线。

第二，如果我们做的是周定投，建议每四次扣款再去看一看账户情况，也就意味着还是每个月看一次。

第三，如果市场出现了连续上涨，而我们定投账户的收益已经接近了之前设定的止盈线，那么这个时候是可以比较频繁地每天去关注定投账户盈利状况的，随时准备进行止盈赎回的操作。

总之大家一定记住：简单的事情才最有可能被坚持。

基金定投就是一种非常值得长期坚持的投资方式，它可以让我们从容镇定地去跨越市场的牛熊转换，最后获得我们想要的目标回报。

Chapter 2

定投的"微笑曲线"

每次讲到基金定投，很多人都会质疑持续扣款的合理性。在网络上也有各种大 V 用数据演算来告诉大家"必须要根据市场的高低来决定资金的进出"。

大家的想法很简单：我觉得市场后面还会继续下跌，现在开始做定投，一旦开始马上就会亏损，所以这种做法明显是不对的，我情愿等到市场更低的时候再开始扣款，盈利的效果应该会更好一些。

但是有一些朋友在市场上涨的过程中也会质疑：我觉得市场会上涨，各种利好频出，牛市指日可待，而我现在才开始做定投，我觉得那还不如把所有的本金都一次性投进去，这样在上涨的过程中才能够获得更加丰厚的收益，否则还没有投什么钱进去，市场就涨起来了，这不是错过机会吗？

这两种想法非常普遍，看上去似乎也很有道理……

这两种想法其实在本质上还是在主观地去判断市场接下来是往下跌还是往上涨，在进行择时判断。

在本书开篇我就讲到基金定投最大的特点在于不需要择时。因为择时是在资本市场中最不可捉摸的一件事。不管是多么专业的人士，对于短期市场判断的准确性往往都是五五开，去猜短期的涨跌本质上就是一种纯粹的赌博。如果我们经过了专业的训练，对宏观经济分析、微观操作技巧都有了相当的经验，那么通过一定的逻辑方法分析市场中长期趋势并形成判断，会比短期预测准确的概率更高。但是也没有任何专业机构和人士敢说自己的分析结果就是百分之百准确。所以靠择时去做投资，尤其是对于往往凭感性来做决策的绝大部分普通投资者而言，最后都会变成追涨杀跌。

最简单的道理就是：如果市场短期的涨跌如此好判断，那么市场上就不会有那么多投资多年却依然亏损的人了。

基金定投要做的事情就是只要你自己对中国经济的发展有信心、对资本市场的未来有信心，那么就不要去判断市场到底会往上还是往下，要做的就是选好产品，坚持扣款，有纪律性止盈，最终就可以取得不错的结果。

基金定投需要的是一条"微笑曲线"。

所谓的微笑曲线是指开始定投后，市场的走势曲线图就像一张微笑着的嘴（图2-12）。

```
        开始扣款                              止盈落袋
        心情忐忑                              投资赢家


            市场下跌                    苦尽甘来
            怀疑人生                    不能太爽


                    痛苦的深渊
                    多人的放弃
```

图2-12　基金定投的微笑曲线

微笑曲线的原理就是从我们开始扣款进行定投起，市场就开始下跌，随着市场不断下跌，我们定投基金的单位净值也在随之下跌，那么我们每一期固定金额所能够买到的基金份额就会变得越来越多，而且每一期申购得到基金份额的单位成本也会变得越来越低。在不断下跌的过程中，我们就可以积累更多的低价筹码（其实这就是定投的基本原理），然后等到市场跌到一个低点，开始反转往上，甚至进入上涨的牛市，我们手中所积累的低价筹码就能够获得非常丰厚的回报。

这样一个先下后上的定投市场曲线就是微笑曲线。对于基金定投来讲，微笑曲线其实是最开心的事情，我们都要去坚持走完微笑曲线。

对于投资人（不管是一次性投资的还是定投的）而言，在市场下跌，看到自己的账户出现亏损的时候，心里都会产生负面的情绪。而普通的投资者，因为平时缺乏纪律性的约束，在市场下跌的过程中每次打开自己的投资账户，都看到亏得比上一次看时更多，慢慢地就会产生怀疑，就会忘记最开始投资的本心，进而很有可能因为担心未来市场会跌得比现在更低，而做出杀跌的动作。

之所以强调基金定投最需要的是坚持一个完整的微笑曲线，其实就是为了帮大家在市场下跌的情况下树立基本的信念，去对冲心理层面的落差和失落，希望能够帮大家平稳度过市场下跌痛苦煎熬的时段。微笑曲线其实就是告诉大家：你不要急着去看短期的市场，哪怕市场再跌，你也可以找到安慰——下跌攒份额，上涨赚收益。这就是微笑曲线的意义。

但是从投资的本质来讲，在市场涨跌的变化过程中，什么时候该买，其实是有争议的。

投资择时派觉得定投无用，往往是从以下几个方面来说的。

第一，如果市场在下跌，应该要在适当的时候做止损，等到市场确认底部并开始转入右侧的时候，再进行一次性投入。因此定投的扣款在左侧市场是没有意义的，不如空仓。

第二，定投在上涨的市场中是不划算的。定投要做也应该是在市场的左侧，也就是下跌过程中进行。因为定投是分批买入，若到了市场一路上涨的右侧行情，其实手中的资金并没有有效地完全参与市场的投资，每次扣款都只是一部分资金进入市场而已，这样降低了整体的投资效率。当然，持有这种观念的择时派人士也认为：应该要在市场最低点就一次性大额买入，来等待市场的大幅上涨。

对于择时派质疑定投的观点，我的看法是：如果我们可以准确判断哪个点是市场的最低点，我们就是神仙；如果我们可以提前判断哪个点是市场的最低点，哪个点是市场的最高点，确实没有必要做定投。

因为如果是这样，投资就不是一件具有风险的事情，就变成了一件稳赚不赔的事。如果市场上所有的人都能判断出哪个点是市场最低点，哪个点是市场的最高点，那么市场也就不可能有最低点和最高点了吧？或者真实的最高点和最低点又已经是不可知的了。

不确定性，是市场存在投资价值的根本。我们在整个市场中能够拿到装入自己口袋中的那一部分收益，就已经是投资的成功了。没有人可以在市场的最低点买入并一直持有到市场的最高点，更别说还能在最高点精准获利退出。

而我们之所以进行市场策略的研究，为的只是提升我们在市场中获胜的概率而已，而不是去猜高低点！

定投是一种非常简单而且值得坚持的投资方法，不需要择时。开始定投后，如果市场下跌，我们可以告诉自己，我们在经历一个微笑曲线的市场，用这个理论来让自己的心态平和下来，让自己能够坚持等待市场的反转，等待以后的上涨为我们带来收益。如果市场一路上涨，我也希望大家能够在心里告诉自己：这样也挺好，我在市场开始上涨的时候就已经参与到市场中来了，虽然并没有把所有的钱在最低位全部都投进去，但是我也一路在分享市场上涨的收益。

所以微笑曲线理论解决的是大家的投资心态问题，希望做定投的你能有更大的信心坚持下去，最终获得收益。

定投的投资风险比一次性投资要小，自然我们也要接受预期收益比一次性投资要低的结果。所以择时派的观点从逻辑上没有问题，但在执行中却是最难落地的。而定投却很简单很容易落地，这就是为什么我一直强调定投是一个适合大众的极具性价比的基金投资方法。

Chapter 2
定投最不能犯的错误是什么
（定投要止损吗）

近些年，每逢市场低迷，指数在低位一直徘徊的时候，总是会有人和我说：我已经停掉了定投，等市场跌到底再说。

这种想法是做基金定投最不应该有的。

基金定投最不应该犯的错误是什么？

基金定投最不能犯的错误就是低位停扣。

在整个定投过程当中，基金的净值是在上下变动的，所以用固定的金额去购买净值不断变动的固定基金最后形成的一个效果就是：当基金净值便宜的时候，固定金额所能够买到的份额就会变得更多一些；而当基金净值上涨的时候，固定金额能够买到的基金份额就会变得更少一些。

也正是因为在低价位我们买到的份额更多，而在高价位我们买到的份额更少，所以我们手中持有的份额一定是低成本的居多，高成本的居少，成本越高的份额占比越少。

所以，在不断上涨、下跌的震荡市场当中，我们会发现到最后手中所买入的份额的平均成本会比市场平均成本低一大截。

举一个最简单的例子（见表2-9）。比如说我们现在定投3个月，每期扣款1000元。在这3个月中，基金净值由1.50元一路下跌到0.50元，最终我们的持仓成本和市场平均成本究竟差多少？

表2-9

扣款期数	扣款金额（元）	基金净值（元）	确认份额
1	1000	1.50	666.67
2	1000	1.00	1000.00
3	1000	0.50	2000.00

3000元，3个月下来，我们手中所买入的总份额约3667份。

3000元÷3667份，最后平均每份的成本仅为0.82元，而这三期的平均净值应该是（1.50＋1.00＋0.50）÷3＝1.00。

很明显我们的持仓成本低于市场平均成本。

只要基金净值从0.50元上涨到0.82元，我们的账户就已经开始有盈利，若净值回到均值1.00，我们就已经有了22.22%的收益，若回到第一期的高点1.50，我们的投资收益率更是高达83.33%，这就是基金定投的魅力。

那大家有没有想过，如果我们在基金净值跌到 0.50 元的时候突然放弃扣款了，那会怎么样呢？

表2-10

扣款期数	扣款金额（元）	基金净值（元）	确认份额
1	1000	1.50	666.67
2	1000	1.00	1000

2000 元，3 个月下来，我们最后手中所买入的总份额约为 1667 份。

2000 元÷1667 份，最后平均每份的成本近乎 1.20 元，比上面连续三期扣款后单位份额成本 0.82 元高出了近 50%。

所以，定投真正的作用就是通过固定每期的扣款金额，让我们能够在低位买到更多的份额，在高位买更少的份额，最后有效降低我们的持仓成本。

因此，定投一定不能犯的错误是——在市场下跌的时候，停止定投的扣款。

否则一旦我们在市场往下跌的时候停止定投扣款，就意味着其实我们定投所积累的份额全都是在市场比较高位的时候买入的，成本都是比较高的。

而市场低位刚刚好是可以帮我们拉低整个持仓成本的最佳时段，我们却把定投扣款给停了，这样我们的持仓成本永远都降不下来，到最后定投想要赚钱也不是一件容易的事情。

所以大家一定要牢牢记住：定投应该是越跌越买，越跌越要坚持。

千万不要因为自己定投的指数基金跌了很长一段时间，就动摇了信心，开始跟自己说：还是不要再投了，市场应该只有更低，没有最低。当出现这种想法的时候，请一定要记得告诉自己：我做的是定期定额投资，我做的是基金定投，市场越跌，我的成本会被拉得越低。

市场必然是有涨有跌的，只要市场长期往上的趋势没有改变，那么指数短期的下跌和落后，往往意味着未来有更加好的上涨可能性，就像弹簧一样，被压缩得越紧，释放后反弹的力度就越大。所以定投更加需要在低位的时候去坚持，一定不能在中途放弃。

定投是一件需要我们用一段时间，甚至几年的坚持和忍耐去换取最后那一刻收获的事情。我们要去期待最后市场上涨那一刻所带来的喜悦——你要相信，最后那一刻的上涨将会把你坚守过程中所有应该赚的钱一次性全部都给你，绝不落空。

我们总结一下：

第一，一定不要在低位停止扣款。

第二，不要在坚忍了一段时间之后，发现定投终于从浮亏开始变成回本时，就迫不及待地要把自己手中的份额全部卖掉。要有信心等待收获。记得设定好止盈线，没有到达自己设定的止盈线，坚决不要赎回。投资不是仅仅为了回本！

看到这里，估计有人会问：如果我定投的基金在定投的过程中被发现并不是一只值得长期投资的基金，那这个时候还不能停扣吗？

这个问题很好，前面我一直在强调定投要获得良好的收益，一个重要的诀窍是一定要在达到目标收益率的时候进行止盈。那既然有了止盈，定投需不需要止损呢？

定投到底需不需要止损，不能直接简单地给一个结论。因为这个答案取决于我们选择定投的产品，是不是一个对的产品。

如果我们选的产品不对，那么不管是做定投还是做一次性投资，都是需要果断进行止损的。

产品有没有选对，我们可以通过以下几个标准来判断。

第一，如果我们选择的是一只主动管理的权益类型基金，在过去的三年中，每年它都在同类产品中排名后30%，甚至排在市场的后20%，这就意味着这个产品跟同类产品比一直都被抛在市场的后面，业绩一直都跑输市场上大多数的同类产品。这只能说明一个问题：这个产品的基金经理一定是不合格的，后续的定投就没有必要了。

如果在我们定投过程中已经更换了基金经理，而且更换基金经理后的产品业绩依然不见起色，这样的产品我建议一定要果断终止定投。

第二，如果我们选择的是一只指数基金，通过长期的定投发现该指数基金的业绩走势和它所跟踪的标的指数差距很大，尤其是一直存在着"负偏离"——也就是持续跑输标的指数，那么这样的指数基金定投也应该要终止。

这些不值得再继续定投的基金在终止扣款之后，持有的基金份额怎么办呢？我的建议是赎回止损，并且我们可以在市场中挑选一只和原来基金投资风格近似的"对的"基金，将止损赎回资金一次性申购进去，并开始进行新的定投扣款。相当于我们把原来基金的定投"平移"到新的基金中继续定投，可以理解为把之前的定投进行了同赛道方向的"优化"，而不是在低位割肉离场。

如果我们定投所选的产品是对的——这个"对的"要一分为二地看——

如果我们选的是主动管理型的股票型基金，在过去的三年中，我们发现这只基金只是因为市场系统性下跌而下跌，但是在过往三年同类产品的排名中，它一直都排在市场的前 50%，甚至排在市场的前 30%，甚至依然满足"5432 法则"，那么这个基金定投就应该继续坚持。

而如果我们选择指数基金定投，只要基金的业绩和所跟踪的目标指数偏离度不大，就算是出现了账户上的浮亏，这个基金定投也应该要继续坚持。因为指数基金定投只可能是因为市场和指数本身的下跌而导致损失，未来只要市场反弹，那么这个指数基金的净值一定会跟随指数一起开始往上涨。

总之，大家一定要记得定投本来就是通过一个长期、有规律性的扣款，让我们在低位的时候买的份额更多、买得更便宜，最终有效降低我们的持仓成本。

只要定投的基金选对了，就一定不要停止扣款！如果发现定投的基金已经不是一只"对的"基金，那么就应该果断终止原产品的定投并进行相同投资方向和风格的基金产品的"平移替换"，使用新的基金来继续之前的定投计划，坚持下去。

Chapter 2

定投在哪个平台做最合适

很多刚开始准备做定投的朋友会问我：定投到底是在银行做比较好，还是在基金公司的网站上做比较好？好像买股票的证券公司也可以做定投，在券商做是不是也很好呢？

而年轻的朋友们，更多的是在网络平台，也就是我们平时俗称的第三方销售渠道上做定投，比如蚂蚁基金、天天基金网、腾讯财付通等等。

首先要明确的是，不管我们在哪个渠道或平台进行基金定投，投资效果方面是一模一样的。因为不同的渠道和平台，仅仅只是基金销售渠道的不同而已。如果我们是投资同一只基金，不管是在银行、券商、第三方，还是对应基金公司的官网和 App 上，最后定投的效果都是一样的。

选择哪一个渠道或平台来做定投，我们需要重点关注的只有两点：一是费用高低，二是方便与否。

第一，哪个渠道的定投费率更低？

理论上讲，对于同一只基金而言，不同销售渠道的费率应该是一样的。

但是，由于不同的销售渠道为了更好地服务客户或者为了争取拓展新的客户，它们会在不同的时间段有不同的营销推广方案，所以很多时候就会有基金的申购费用的打折了。

因为基金定投本质上就是分批申购基金，所以一旦大家确定好了想要定投的基金产品，那么挑选定投渠道的时候最应该关注的就是申购费率的高低。

一般来说，基金代销渠道（包括银行、券商、第三方网络平台）在一次性申购基金时往往会有申购费率的折扣设置，而在进行基金定投的时候却不一定有费用折扣，完全是按照基金的原申购费率来进行收取。大家在操作的时候一定要记得看清楚对于申购费的描述。

而基金公司的直销渠道（官方网站和App）相比代销渠道而言，因为客户数量处于劣势，所以往往会采取更大的让利模式。只要投资者拥有了某家基金公司的货币基金份额（往往被包装成××钱包），从货币基金直接转为申购或定投同一家基金公司的其他基金可以做到零费率。这一点我在《基金投资好简单》一书中专门用一个章节介绍过。

所以对于不同销售渠道的定投申购费用高低，大家可以具体问题具体分析，自己在操作中比较一下，选择实际费率更低的销售渠道开始自己的定投计划。定投虽然每期的扣款不一定多，但是长期算下来还是一笔不小的资金，更低的申购费率，可以有效帮助我们节省投资成本，也有更多的本金可以参与投资，获取更大的收益。

第二，哪个渠道做定投更方便？

什么叫作方便？

方便，就是指我们开启定投计划之后，后续所需要的操作很少，越少越方便。

所以，聪明的你也许意识到了，最佳或者说最方便定投的渠道，其实就是我们工资发放的那个银行渠道，用我们发工资的银行账户来做定投是最方便的。

如果我们不是用自己的工资账户来做定投，就意味着我们每个月还需要从工资账户往另外一个账户去做一次转账的动作，或者往我们定投的渠道转账去调集一次资金。这个转账的动作就变成了一个需要我们定时主动去做的操作，如果我们不记得转账，很有可能定投账户里就没有资金可供后续定投扣款。

我一直强调定投是一件需要长期坚持的事情，而什么样的事情才更容易长期坚持做下去呢？

一定是简单的事情，一定是人为操作步骤极少的事情。

大家可以设想这样一个场景：你每个月都需要从工资账户转账到你做定投的账户，刚好新一期工资发下来时，市场出现了大跌，你脑海里是不是就会产生一个想法：我这个月是不是先不要转账去扣款了？市场这么跌，我是不是暂时先看看，然后再考虑要不要转钱过去扣款？

大家有没有发现，当你有了这个选择转账与否的想法，当你需要通过这个脑海中的选择题才能决定你的定投是否继续下去的时候，人性追涨杀跌的弱点大概率会再次冒头，你的定投就很难有效地进行下去了。

所以，大家可以考虑费率优先，找最便宜的渠道进行定投，但你一定要有非常坚定的执行力：不管市场跌还是涨，你都能够保证自己定时把钱转入这一个你认为费率最低的渠道坚持定投。但以我过往的经验以及身边朋友们定投的经历来看，这种方式到最后很有可能会造成定投的中止。除了上面所讲的心理活动之外，因为工作忙等而最终忘记转账也是经常会出现的情况。

所以我还是更推荐大家用最简单的方式——最佳的定投渠道就是你发工资的那家银行，就是你的工资账户。因为这样，你的定投才会变得特别简单，你的定投才更有可能长期坚持下去。

当然，因为每个人对于不同平台的熟悉程度不一样，所以不同渠道还是有其自身独有的优势。

由于银行渠道是传统的基金代销渠道，产品线往往是最全的，而且现在银行的业务覆盖了我们生活的方方面面，所以综合理财体验、不同大类资产的综合管理相对是更加方便的。

证券公司（券商）渠道在传统上就是股民们的主渠道，因此如果大家是要进行 ETF 或者 LOF、Reits 基金的场内投资交易，那么券商渠道就绝对是首选。虽然场内的 ETF 基金用来做定投确实没有场外定投方便，但是现在像华宝证券已经针对 ETF 基金的定投开发出了"条件单"功能，也能在一定程度上实现场内定投 ETF 基金的操作。

第三方网络代销平台的优势在于技术。像蚂蚁、腾讯本来就是国内的互联网巨头，所以在技术层面和用户数量上有着得天独厚的优势。面对数量巨大的普通投资人，这些代销平台可以通过大数据实现营销信息、产品分析、陪伴投教内容的精准匹配推送，真正做到基金销售服务的"千人千面"，这一点在目前市场中还无可匹敌。

所以，大家可以根据自己的习惯，选择自己觉得最方便、最省心、性价比最高的渠道来进行基金定投。

Chapter 2

定投该选什么产品

在我们挑选完最方便、性价比最高的渠道后,我们的基金定投就要开始落到实处了。

每当市场回暖,投资股票或基金开始有了一定的赚钱效应,就会有很多朋友发消息问我能不能推荐一到两只基金产品来做定投。

但让我无奈的是,不少问我这个问题的朋友每年要问我 3 到 4 次同样的问题,因为在他们看来,似乎不同时期要定投不同的基金产品;还有些朋友是几年过去有了行情才问一次 —— 因为他们早就已经在市场下跌的时候停止定投了……

不管是什么朋友想让我推荐做基金定投的产品,我给他们推荐的基本上就是那几种 —— 中证 500 指数基金、创业板指数基金、科创 50 指数基金,再偶尔搭一只主动管理的权益类基金。

于是很多人就觉得好像我特别不在意或者说我特别不重视他们的问题,

是在敷衍他们，那究竟是不是这样呢？

我们需要正确去看待定投选产品这件事。

按照我前面所讲到的：基金定投是一种可以随时开始、值得长期坚持的投资方式。所以当我们选好一个定投的产品之后，只要这个基金产品没有发生足以改变其过往投资风格和业绩走向的重大变化，我们都没有必要更换定投的产品。

那么什么因素才能影响到基金产品的投资风格和业绩走向呢？一般有以下几种因素：基金经理更换、基金公司投研决策出现了偏差、基金经理能力不足等。

因此如果我们想要避免选择的定投产品出现上面这些状况，就要选一些和基金经理变更以及基金公司的投研没有太大关系的产品。

定投的最佳选择就一定是指数基金。

第一，指数基金是跟随市场的平均值（指数）上涨下跌，评价指数基金做得好还是差，最重要的是看这个基金和所跟踪的标的指数的误差是不是足够小，而不是看超额收益能有多高。所以不管是换了谁做指数基金的基金经理，指数基金都会跟随标的指数进行上下的波动。因此，指数基金不受基金经理更换的影响，这对于长期投资非常重要。

第二，我们做基金定投担心的不是市场下跌而造成的产品净值下跌，而是市场上涨的时候，我们所定投的基金产品却没有跟随市场上涨。而指数型基金定投就可以完美地规避掉这种风险。为了跟上目标指数的走势，指数基金永远都是保持满仓的状态，市场涨的时候会跟着涨，市场跌也会跟着下跌，绝对不会出现踏空的情况。

第三，要想在投资中获得超越市场的收益，也就是超额收益（α收益），随着市场的有效性变得越来越强，其实是不容易做到的，难度会越来越大。这一点从美国市场就能看得非常清楚，美股市场多年以来能够跑赢指数的主动管理型基金经理凤毛麟角，巴菲特著名的"十年赌局"就是最佳的说明——当年巴菲特以100万美元作为赌注，挑战美国的对冲基金经理，看谁能够在十年之后跑赢指数，结果最后获胜的是巴菲特，应战的对冲基金十年收益远远跑输了指数的收益。

其实，我们普通投资者能够拿到市场的平均收益就已经非常了不得了。所以这也是选指数基金做定投标的一个很重要的原因。

大家还记得我们在前面几节中测算权益类主动管理型基金和沪深300指数基金、创业板指数基金的定投结果吗？

根据历史数据测算，基金定投10%的年化收益率应该说是一个比较合理的预期值，优秀的主动管理型基金定投下来可以达到年化收益率15%左右，遇上牛市行情，基金定投的年化收益甚至有可能达到20%以上。

之所以能够拿到这样的收益率，其本质在于基金定投是通过长期的分批投入，固定的金额在净值高点买到的份额少，而在净值低点买到的份额更多，最终通过多次的扣款来降低我们的持仓成本。

所以如果我们想获取年化10%左右的收益率，就意味着我们所定投的这个基金产品的净值波动的幅度至少是要超过10%的，否则没有可能去获得年化10%左右的收益。

定投是帮我们熨平风险和波动的，若定投的产品本身的净值波动幅度不到10%，怎么可能在熨平之后获得超过10%的收益呢？

在投资中，风险和收益永远都是成正比的。基金定投可以有效帮我们降低长期投资的风险，也必然会降低我们获得更多收益的可能性。因此从逻辑上来说，基金定投并不适合选择低风险低收益水平的基金产品，因为这些产品本来风险就比较低，没有必要通过定投的方式来降低风险，而这些低风险产品的预期收益本来就低，通过定投之后能获得的收益只会更低。

说到风险低，我们可以复习一下哪些基金是属于低风险的。

基金有很多种类型，如果按照风险从低到高，可以分为以下几类。

第一类是风险最低的货币型基金，也就是大家平时买的余额宝等各种宝宝类的产品，收益也最低，现在基本上年化收益率为1%～2%。

我们可以用万得货币基金指数（885009.WI）来测算一下定投后的收益率（表2-11）。

可以看到10年（2012.1.2—2021.12.31）下来，定投的总收益率比一次性投资低了一半多，年化收益率也更低。而这个指数近十年来的年化波动率才 0.10%。

所以货币型基金并不适合做定投，当然如果仅仅当成零存整取也未尝不可。

表2-11

指标	总期数	总投入	总资产（元）	总收益	总收益率	年化收益率
定投	120	120,000.00	136,355.31	16,355.31	13.63%	1.29%
单笔投资	1	120,000.00	158,660.31	38,660.31	32.22%	2.83%

数据来源：Wind

第二类是债券型和偏债型基金。债券型基金又分为纯债基金、二级债基（含可转债基金）、偏债混合型（固收+）基金，风险水平逐步上升。

我们用万得债券型基金总指数（885005.WI）来测算一下 10 年（2012.1.2—2021.12.31）的数据（表 2-12）。

表2-12

指标	总期数	总投入	总资产（元）	总收益	总收益率	年化收益率
定投	120	120,000.00	155,738.76	35,738.76	29.78%	2.64%
单笔投资	1	120,000.00	209,879.35	89,879.35	74.90%	5.75%

数据来源：Wind

可以看到定投的收益率依然是低于单笔投资的，而这个指数近十年的年化波动率也才 2.10% 而已。

所以如果选择低风险低收益水平的基金进行投资，不如承受有限的波动来进行一次性投资，这样的投资效果会比定投更好。

第三类是风险收益水平较高的偏股混合型基金和股票型基金。股票基金又分主动投资和被动投资两种。主动投资型就是我们所说的主动管理类股票基金,而被动投资型就是股票类的指数基金。

我们再看看同样定投10年万得普通股票型基金指数(885000.W1)的收益率情况(表2-13),可以看到定投的年化收益率依然比不上一次性投资,但由于股票型基金指数本身的高收益特性,最终我们长期定投下来的收益率依然能够达到148.10%的水平,年化收益率近10%。而这个指数近十年的年化波动率高达23.42%,所以在这个过程中,定投的作用在于让我们能够以更平和的心态面对10年投资过程中市场的大幅波动,更有可能长期坚持下来。

表2-13

指标	总期数	总投入	总资产(元)	总收益	总收益率	年化收益率
定投	120	120,000.00	297,722.64	177,722.64	148.10%	9.51%
单笔投资	1	120,000.00	532,730.06	412,730.06	343.94%	16.07%

数据来源:Wind

所以,要挑定投的基金,一定不要在偏股混合型基金风险以下的基金类别中去选。定投最起码也应该选一个偏股混合型基金,这样收益水平才值得我们期待,而最适合做定投的基金我推荐股票型基金。

股票型基金中的主动管理型的产品又有可能出现因为基金公司投资决策失误或是基金经理的人员变动而导致产品的业绩没有办法保证良好的延续性和风格的一致性,所以指数基金(权益类的指数基金)就成了定投最佳的选择之一。

这么多年以来，我自己坚持定投的产品都是指数基金。比如说创业板指数基金、中证 500 指数基金、沪深 300 指数基金。由于指数基金本身的被动投资特性，所以同一只指数基金我们选哪一家公司的问题都不大。大家可以挑选你认为服务最好、看着最顺眼的基金公司所管理的产品。但是要提醒大家：千万不要去定投多家公司的同一只指数基金，因为不管是哪家公司的，跟踪的都是同一个指数，实质上就是同一个产品，这是没有意义的。

当然，如果对基金经理有信心，我们还可以选一个自己认为靠谱的基金经理所管理的偏股混合基金或股票型基金——而且最好这个基金是主投在中小盘成长风格的。因为从波动率和成长性的角度来讲，中小盘成长风格股票的波动率往往会超过大盘价值风格，而基金定投恰好是要靠净值的波动来降低我们持仓的净值平均成本，并且要靠大的向上波动才能在较短时间之内达到我们所设立的止盈线目标。当然，如果你选了主动管理型基金来作为自己的定投标的，那么就请你时刻关注这个基金的基金经理是不是有变化。如果有变化，那么就要考虑是否赎回——因为任何一只主动管理型基金，换过基金经理之后就完全变成了另一只产品。

总结一下：最适合做定投的产品还是指数基金（权益类的指数基金）。偏债混合型、债券型和货币型基金大家就不要考虑通过定投的方式了，真有喜欢的，符合自己低风险投资偏好的，建议一次性投资长期持有，因为持有的过程中波动不会太大的。

Chapter 2

定投选指数基金、ETF、ETF联接还是指数增强

在上一节，我和大家说到基金定投的最佳选择是权益类指数基金（后文简称"指数基金"），由于指数基金具有被动管理特性，只要是跟踪同一个指数的指数基金，不管是哪家基金公司的产品，差别都不会太大。

但是当大家开始挑选指数基金，会发现还是有点难。

比如我们想定投中证500指数基金，于是在网上以"中证500"为关键字开始搜索，结果搜到了如图2-13这么多基金名。

大家发现这些名称中除了有"中证500""中证500指数"这样的字眼外，还有一些新名词。比如中证500ETF、中证500ETF联接A、中证500指数增强C、中证500量化增强A……

基金名称
中证500ETF联接A
中证500指数增强C
达中证500ETF联接A
中证500量化增强A
中证500ETF联接C
中证500A
中证500指数增强C
中证500ETF联接C
中证500ETF
中证500ETF
中证500指数增强C
中证500指数增强C
中证500指数增强C

图2-13

严格来讲，这几种产品的差别的相关知识，已经不属于基金定投的范畴，而是属于基金产品的基础知识——但平时我被大家问得最多的问题都来源于这个知识点。

我们来解答第一个问题：ETF和指数基金有什么差别？

ETF基金的定义如下："ETF是指交易型开放式指数基金，是一种在交易所上市的、基金份额可变的开放式基金。交易型开放式指数基金属于开放式基金的一种特殊类型，它结合了封闭式基金和开放式基金的运作特点，投资者既可以向基金管理公司申购或赎回基金份额，同时，又可以像封闭式基金一样在二级市场上按市场价格买卖ETF份额，不过，申购赎回必须以一篮子股票换取基金份额或者以基金份额换回一篮子股票。由于同时存在二级市场交易和申购赎回机制，投资者可以在 ETF 市场价格与基金单位净值之间存在差价时进行套利交易。"

ETF 是比较特别的一类基金。

它是指数基金，也是用来跟踪某个目标指数的。比如中证 500ETF 跟踪的是中证 500 指数，沪深 300ETF 跟踪的就是沪深 300 指数。

但是相比普通的指数基金，ETF 有两种交易的方式：一是在股票市场内像股票一样进行报价撮合进行买卖交易，这种交易叫作场内交易。场内交易的方式和普通的股票没有什么差别；二是在场外市场进行申购赎回的交易模式，和普通的开放式基金一样，投资人可以向基金公司进行基金份额的申购或赎回，只是 ETF 申购和赎回不仅可以用现金，还可以用一篮子的股票来进行交换——这种方式对于普通投资者来说比较少用到，一般是机构投资者使用。而且由于 ETF 既可以在场内交易也可以在场外申赎，所以就有了跨市场进行套利的空间，这也是机构投资者投资 ETF 的常见操作之一。

是不是仍然迷惑不解？

没关系，我们个人投资者参与 ETF 投资往往是在场内如股票一样买卖交易，把它当成一只"指数股票"来看待就比较容易理解了。

我并不推荐大家定投 ETF。因为 ETF 的买卖是在股票市场进行，它的交易模式和股票一样都是连续报价并按照价格优先、时间优先的原则来进行撮合交易，所以 ETF 像股票一样在交易时间每天有很多个实时成交价格。而定投需要设定固定的间隔时间，用固定的金额买入基金份额，ETF 的价格全天都是波动变化的，所以无法直接作为定投的对象：你到底以一天中哪个成交价作为定投扣款的价格呢？而且如果大家买过股票就应该清楚：在进行股票买入的时候，我们都是直接给出目标价格和买入股票的数量挂单买入，不能采用固定金额的方式来进行买入申报挂单——所以你会发现 ETF 和定投真的天生就不是很匹配。

以往有不少朋友问我是不是可以做股票定投，也是同一个道理。

当然，因为 ETF 场内交易的最大优势在于交易手续费远远低于场外的基金申购赎回交易，所以有些朋友考虑通过股票交易系统在固定的间隔日期去主动买入 ETF 来达到类似定投的效果，这也是可以考虑的，只不过要主动记得定期去操作，一般都很难长期坚持下去。

有需求就有市场，所以现在已经有证券公司在系统中开发了"条件单"的功能，能够起到定投 ETF 的效果。

相比 ETF，我更建议大家选 ETF 联接基金作为场外定投的标的。

ETF 联接基金是指将其绝大部分基金财产投资于跟踪同一标的指数的 ETF(简称"目标 ETF")，密切跟踪标的指数表现，追求跟踪偏离度和跟踪误差最小化，采用开放式运作方式的基金。

通俗点解释，ETF 跟踪目标指数，而 ETF 联接跟踪目标 ETF。比如中证 500ETF 是用来跟踪中证 500 指数的，而中证 500ETF 联接，就是用来跟踪中证 500ETF 的。

ETF联接基金就是常规的开放式基金,正常申购赎回,没有那么多复杂的操作交易模式。如果我们定投一只中证500ETF联接基金,其实就是在跟踪中证500ETF,而中证500ETF又是跟踪中证500指数的,所以我们选择中证500ETF联接进行定投,就等于是定投了中证500指数。

第二个问题:指数增强基金和普通的指数基金有差别吗?

当然有差别!而且差别大了!

两者最大的差别在于:指数基金一般是完全复制目标指数成分股结构进行投资,所以它的走势跟目标指数是高度契合的,评价一只指数基金做得好还是不好,是看它跟目标指数之间的偏离度到底有多少,偏离得越少,指数基金的评价也就越高。

而指数增强基金是怎么回事呢?

指数增强基金,是指在指数基金的被动投资基础之上,加入了一些量化投资技术手段来进行主观的选股判断,对目标指数样本股进行适当的取舍,力图获取超越目标指数的收益。

我们来看某只中证500指数增强基金的产品投资策略介绍:

本基金采用指数增强型投资策略,以中证500指数作为基金投资组合的标的指数,结合深入的宏观面、基本面研究及数量化投资技术,在指数化投资基础上优化调整投资组合,以实现高于标的指数的投资收益和基金资产的长期增值。在资产配置策略方面，本基金以追求基金资产收益长期增长为目标，根据宏观经济趋势、市场政策、资产估值水平、外围主要经济体宏观经济和资本市场的运行状况等因素的变化，在本基金的投资范围内进行适度动态配置。本基金将参考标的指数成分股在指数中的权重比例构建投资组合，并通过事先设置目标跟踪误差、事中监控、事后调整等手段，严格将跟踪误差控制在规定范围内，控制与标的指数主动偏离的风险。本基金债券投资将以优化流动性管理、分散投资风险为主要目标，同时根据需要进行积极操作，以提高基金收益。本基金进行股指期货投资的目的是对股票组合进行套期保值，控制组合风险，达到在有效跟踪标的指数的基础上，力争实现高于标的指数的投资收益和基金资产的长期增值。

大家注意看我特意标注出来的字眼，指数增强基金的投资目标是要获得"高于标的指数的投资收益"。

中证 500 指数基金的投资标的其实是中证 500 指数的 500 只样本股，这 500 家公司的股票质量肯定会有优劣之分，指数增强基金的基金经理需要做的工作就是通过一些定性或定量的指标对这 500 只样本股进行分析，把其中那些"坏股票"的占比降下去甚至于清空，然后把资金加到那些"好股票"上去，通过择优去劣来达到超越目标指数业绩的效果。

所以，评价一只指数增强基金做得好与不好，是看它在跟随目标指数的同时，有没有跑赢目标指数，创造出增强收益来。

如果说指数基金投资就如同我们在商场里面搭乘扶梯上楼，那么指数增强基金投资就如同我们在搭乘扶梯上楼的同时向上迈步前行。扶梯上升的速度就是指数本身的涨幅，而我们在扶梯上迈步上行的额外速度就是指数增强

基金的增强收益。

大家是不是觉得那我们定投指数增强基金应该比定投普通的指数基金要好呢?

我有不一样的看法。

我们定投的目标是市场涨的时候所定投的这只基金一定要跟着涨。

如果我们选了指数增强基金,意味着这类产品又加上了基金经理主动判断的因素在里面。只要有了主动管理的这个行为,那么基金经理是有可能出现判断失误的,也就意味着指数增强基金虽然目标是要跑赢指数,但是也有可能出现跑输指数的情景。

还是用前面我所说坐扶梯的例子来说明:在上行的扶梯中迈步上行,确实可以比单纯坐扶梯速度更快,但如果在上行的扶梯上向下迈步,是不是反而会降低我们上楼的速度?

所以,定投指数增强基金有可能最后不但没有获得增强收益,反而变成了"负增强"效果。

我自己就买过一只这样的"负增强指数基金",其业绩表现如图2-14所示。

业绩表现

时间区间	本基金	所跟踪的目标指数
近1月	−2.75%	−0.14%
近3月	−10.93%	−1.84%
近6月	−8.16%	−2.38%
近1年	−10.20%	−9.51%
近2年	−12.29%	−9.88%
近3年	19.18%	25.37%
近5年	3.13%	15.32%
今年以来	−4.53%	2.92%
成立以来	−15.68%	0.05%

图2-14

这只指数基金，是我曾经长期定投过的产品。

这只基金本身是一只指数增强基金，所以对于它来说，紧密跟踪目标指数，和目标指数同涨同跌，误差尽量小就是基本的要求。

但是大家看看它的历史业绩和目标指数走势的差距有多大！尤其是近三个月！

如果是主动管理型基金，阶段性跑输业绩基准还可以解释为市场风格不匹配，可以选择继续持有。但作为被动跟踪的指数基金，这种业绩表现是无法容忍的。

如果我们打算选一只指数增强基金来进行定投，还不如去挑一个我们自己觉得靠谱的基金经理主动管理的股票基金呢。

最后总结一下本节的观点。

第一，定投指数基金，如果看到了 ETF 的字样，我们所定投的首选应该是 ETF 联接基金，这和选普通的指数基金定投基本上是同样的效果。

第二，如果在指数增强基金和普通指数基金之间进行定投产品的选择，我建议大多数人尤其是小白投资者选择普通指数基金或者 ETF 联接基金，没必要去选择指数增强基金，因为指数增强基金需要像投资主动管理型基金一样，去关注基金经理的变动及增强策略是否持续有效等额外事项，增加了基金定投的难度。

Chapter 2

关于指数基金的
两个补充知识

● **关于挑选指数基金的第一个知识点**

前面我和大家说了基金定投最佳产品类型是指数基金。指数基金又分为主要投资于股票市场的股票指数基金和主要投资于债券市场的债券指数基金。而作为定投标的，我们肯定应该选择风险更大的股票指数基金。

顾名思义，股票指数基金的持仓肯定主要是股票，当我们去了解某一只指数基金的具体持仓情况时，一般会看到如图2-15所示的内容。

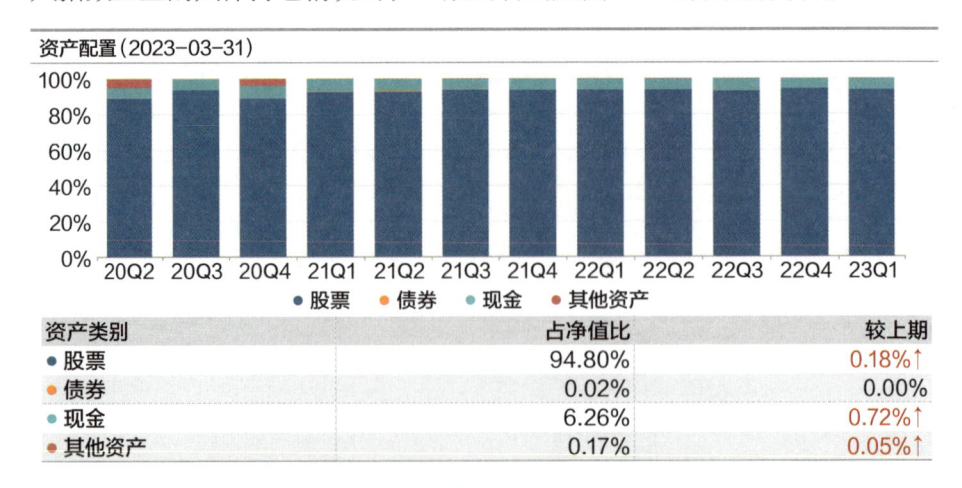

资产类别	占净值比	较上期
● 股票	94.80%	0.18%↑
● 债券	0.02%	0.00%
● 现金	6.26%	0.72%↑
● 其他资产	0.17%	0.05%↑

图2-15

可以看到上面这只指数基金的股票资产占比接近95%，是一只标准的股票指数基金。

但是如果我们看到某一只指数基金的资产配置是下面这样的（图2-16），大家会觉得这是值得长期定投的指数基金吗？

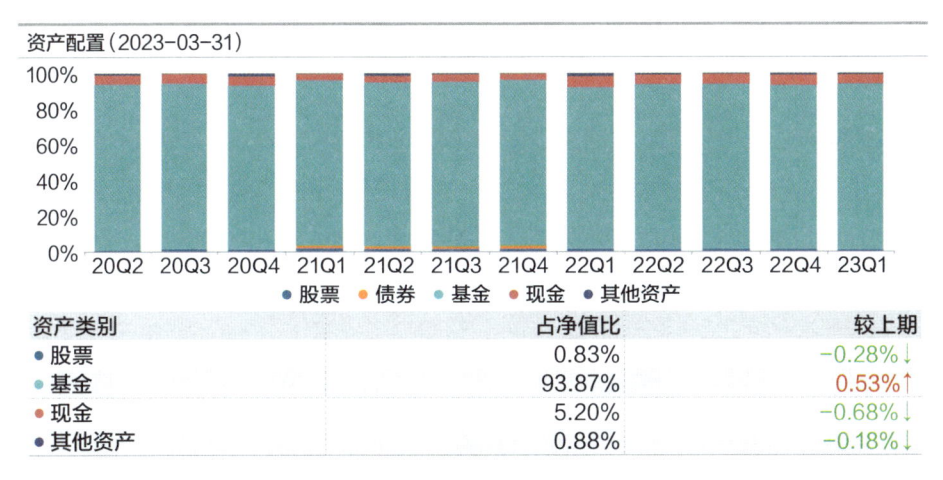

资产配置（2023-03-31）

资产类别	占净值比	较上期
股票	0.83%	-0.28%↓
基金	93.87%	0.53%↑
现金	5.20%	-0.68%↓
其他资产	0.88%	-0.18%↓

图2-16

这只基金的股票资产占比不到1%，而基金的占比达到了93.87%。如果你看过我在《基金投资好简单》一书中对于FOF基金的介绍，估计就要认为这是一只投资于基金的FOF基金了。

上面这只基金是适合进行定投的创业板ETF联接基金。

ETF联接基金背后所联接的是同一家基金公司所管理的ETF，我们看看这只ETF的资产配置占比情况（图2-17）。

资产配置（2023-03-31）

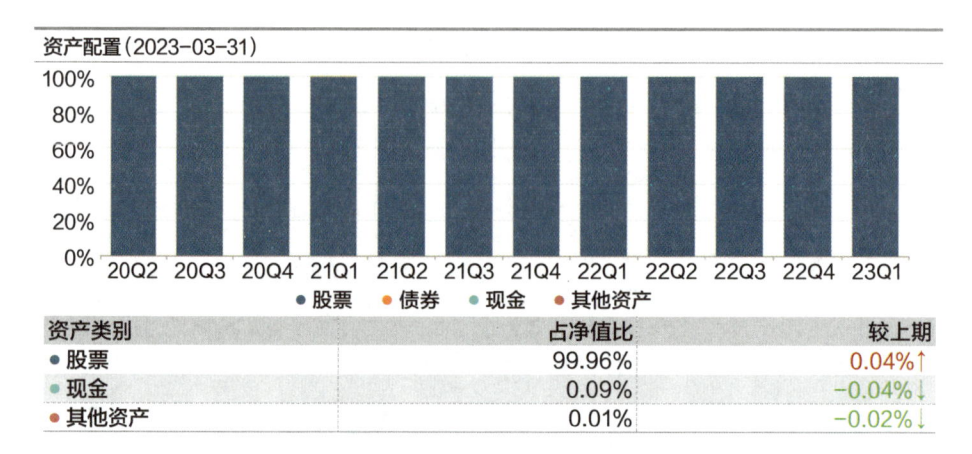

资产类别	占净值比	较上期
● 股票	99.96%	0.04%↑
● 现金	0.09%	-0.04%↓
● 其他资产	0.01%	-0.02%↓

图2-17

可以看到 ETF 接近满仓股票。

在 ETF 联接基金的基金合同中，一般都有这样的条款：ETF 联接基金 90% 的资产都是用来投资于目标 ETF 的。

也就是说，如果我们挑选了某家公司的创业板 ETF 联接基金，那么这个产品至少 90% 的资产都是用来投资这家公司的创业板 ETF 的。所以在联接基金的持仓中，90% 都是持有的基金资产。

这就是为什么我们在查任何 ETF 联接基金持仓占比的时候，都会发现它直接投资股票的比例非常少，ETF 联接基金是通过投资于 ETF 而间接跟踪目标指数的。

所以大家定投一只 ETF 联接基金，最后的投资效果和投资跟踪同一个目标指数的普通指数基金是一样的。但是 ETF 联接基金比普通的指数基金多使用了一个中介来跟踪目标指数，而这个中介就是 ETF。

这个时候，可能又有朋友要问了：如果 ETF 联接基金是通过投资 ETF 来跟踪目标指数，那岂不是要收双重的管理费？联接基金收一次，ETF 还要收一次。

大家无须为这个问题担心，ETF 联接基金的基金合同中，对于管理费的收取，都会有这样的一句话："基金管理人对本基金投资组合中投资于目标 ETF 部分的基金资产净值不计提基金管理费。"也就是不会重复对联接基金投资对应 ETF 的资产进行管理费的重复收取。

● 关于挑选指数基金的第二个知识点

在《基金投资好简单》中，我给大家详细解说了挑选主动管理型基金产品的"5432 法则"，而我也特别强调了"5432 法则"并不适用于指数基金的挑选。

很多朋友在挑选跟踪某一个目标指数的指数基金时，会发现不同基金公司的指数产品所体现出来的收益状况差别很大。

比如跟踪同一个目标指数的基金，A 公司的产品成立了三年，B 公司的产品成立了一年，C 公司的产品只成立了半年。

我们把这三只产品放在一起比较业绩，会发现跟踪同一个指数的三只基金收益居然有正有负，有高有低。

既然是跟踪同一个目标指数,那为什么不同产品的收益情况居然有这么大的差异呢?这是不是意味着不同公司所管理的跟踪同一个指数的基金其实也有优劣之分呢?

每个指数是从发布之日起就一直存在的,但是不同基金公司发行指数基金的时间是不一样的,既然发行的时间不一样,也就意味着在不同的发行时点,指数所处的高低位置是有差别的。

A 公司的产品成立在这个指数 2000 点的时候,B 公司的产品成立在 3000 点的时候,而 C 公司的产品是成立在 5000 点的时候。

假设经过一段时间的运作之后,现在这个指数刚好是 2000 点,那么三只指数基金根据发行的时间不同,它们的涨跌幅度肯定是不一样的。

A 公司成立在 2000 点的指数基金,收益为 0,既没有涨也没有跌;而 C 公司成立在 5000 点的指数基金,亏损了 60%;B 公司成立在 3000 点的指数基金,亏掉了 33%。

所以即使是跟踪同一个目标指数,只要不同基金公司产品成立的时点不同,就意味着它成立时这个指数所处的点位一定是有差异的,而这个差异就造成了跟踪同一个目标指数的指数基金在任意一个观察时点上的历史收益率存在着巨大的差异。

我们用跟踪中证 500 指数的三只指数基金的业绩走势的实例来说明这个问题。

如图 2-18，截至 2020 年 9 月 13 日，三只产品三年的区间收益差距高达 20% 以上。

图2-18

但是这能说明某一只产品特别好，某一只产品特别差吗？当然不能。我们可以看到，近三个月这三只产品的收益差别是不大的（图 2-19）。

基金名称	基金类型	YTD	3月
博时中证500ETF联接A	被动指数型	22.18	16.35
南方中证500ETF联接A	被动指数型	21.47	14.40
平安中证500ETF	被动指数型	23.86	15.97
中证500	--	19.82	12.89

图2-19

指数基金产品真正建仓完毕运作起来之后，它们的走势曲线基本上是一致的（图 2-20）。

图2-20

对于投资指数基金的投资者而言，指数基金过往的收益如何，其实跟大家没有任何的关系。因为只要是在基金存续期间，跟踪同一个目标指数的指数基金，走势基本上是一样的。

我们开始投资之后能够赚到多少钱，或者会亏多少钱，都取决于自己投资开始的时点。

无论这个指数本身所处的究竟是怎样的一个高低位置，只要是跟踪同一个目标指数的指数基金，只要基金公司在运作这些指数基金的时候没有出现过大的跟踪误差，不管我们投资哪家公司的产品，最终得到的投资结果都是相似的。

所以，我们挑选指数基金，关注点不应该在产品的历史业绩，而应该在产品管理费的高低、跟踪误差这些指标上。

Chapter 2
关于指数基金的样本股调整

前面我推荐大家尽量用指数基金作为定投的标的。

但是说到指数基金，每年的 6 月初和 12 月初，往往会有关于指数基金的新闻在网络上刷屏。

比如下面这则消息："上海证券交易所与中证指数有限公司宣布调整上证 50、上证 180、上证 380 等指数的样本股，中证指数有限公司同时宣布调整沪深 300、中证 100、中证 500、中证香港 100 等指数样本股，本次调整将于 6 月 17 日正式生效。"

于是很多对指数基金知识不那么了解的投资者，就会担心这类新闻所说的"指数样本股调整"会给我们的指数基金定投造成负面的影响。

调整样本股就是调整构成指数的股票组合成分股。

每个指数都是根据一定的编制规则对数量不等的上市公司股票进行加

权平均后而形成的指标，反映了这个股票组合的价格变动情况，这些股票就叫作指数的样本股。

我们用沪深 300 指数作为例子来讲一讲它的编制规则。沪深 300 指数的样本股数量是 300 只，而它选取样本股的规则是这样的：

1. 样本空间

指数样本空间由同时满足以下条件的非 ST、*ST 沪深 A 股和红筹企业发行的存托凭证组成：

• 科创板证券、创业板证券：上市时间超过一年；

• 其他证券：上市时间超过一个季度，除非该证券自上市以来日均总市值排在前 30 位。

2. 选样方法

沪深 300 指数样本是按照以下方法选择经营状况良好、无违法违规事件、财务报告无重大问题、证券价格无明显异常波动或市场操纵的公司：

• 对样本空间内证券按照过去一年的日均成交金额由高到低排名，剔除排名后 50% 的证券；

• 对样本空间内剩余证券，按照过去一年的日均总市值由高到低排名，选取前 300 名的证券作为指数样本。

如果大家对资本市场不太了解，上面这些规则多少有点晦涩难懂了。

没关系，我只是想用沪深 300 的例子来说明一个问题：**能够入选指数样本股的这些股票必须满足一系列严格的要求，不是随随便便就可以入围的。**

但是随着时间的变化，上市公司的经营状况也在不断地发生变化。很多上市公司的股票可能经过一段时间之后已经不符合指数编制规则所要求的某些条件了，而样本空间里之前未被选中的股票却已经满足了入选条件。因此每年一般都会有两次或多次调整指数样本股的安排，一般调整实施的时间分别为6月和12月第二个周五的下一个交易日。

中证指数公司发布的沪深300指数编制方案是这么写的（图2-21）：

> **6. 指数定期调样**
> 　　依据样本稳定性和动态跟踪相结合的原则，每半年审核一次沪深300指数样本，并根据审核结果调整指数样本。
>
> **6.1 审核时间**
> 　　一般在每年5月和11月的下旬审核沪深300指数样本，样本调整实施时间分别为每年6月和12月的第二个星期五的下一交易日。
>
> **6.2 审核参考依据**
> 　　每年5月份审核样本时，参考依据主要是上一年度5月1日至审核年度4月30日（期间新上市证券为上市第四个交易日以来）的交易数据及财务数据；每年11月份审核样本时，参考依据主要是上一年度11月1日至审核年度10月31日（期间新上市证券为上市第四个交易日以来）的交易数据及财务数据。
>
> **6.3 样本调整数量**
> 　　定期调整指数样本时，每次调整数量比例一般不超过10%。

图2-21

- 那么指数调整样本股的作用是什么呢？

不同指数编制的规则代表了能够纳入某一个指数样本的股票往往具备某些比较一致的特征。

前面用来举例的沪深 300 指数，它所挑选的样本股是日均市值排在市场前 300 位的大公司，所以沪深 300 指数就是一个典型的大盘蓝筹指数，下图 2-22 是沪深 300 样本股的总市值分布情况，一目了然。

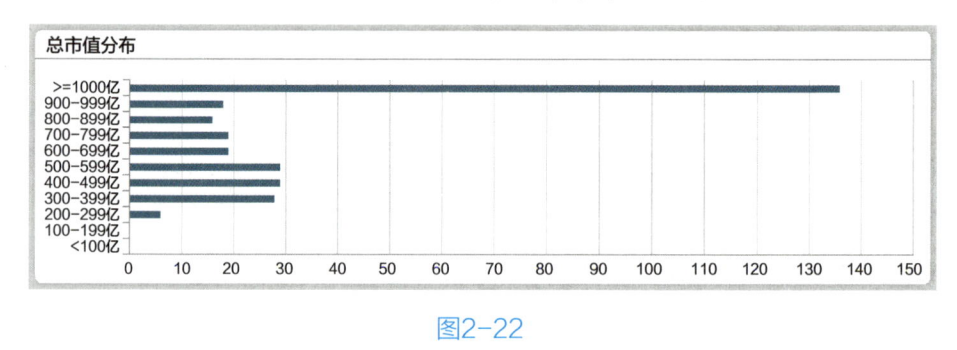

图2-22

接下来我们再看看中证 500 指数样本股是怎么挑选的：

• 样本空间和沪深 300 一致；

• 在样本空间中剔除沪深 300 指数样本以及过去一年日均总市值排名前 300 的证券；

• 对样本空间内剩余证券按照过去一年日均成交金额由高到低排名，剔除排名后 20% 的证券；

• 将剩余证券按照过去一年日均总市值由高到低进行排名，选取排名前 500 的证券作为指数样本。

所以，中证 500 指数和沪深 300 指数没有重叠的样本股，而中证 500 指数样本股的市值是要比沪深 300 样本股更小的，所以它是一个典型的中盘偏小盘的指数，官方的正式名称为"中证小盘 500 指数"，简称"中证 500 指数"。

当中证 500 指数的样本股上市公司经过发展壮大之后，有可能会随着市值的增长而在某一次调整中被调整出了中证 500 指数，同时被调整进了沪深 300 指数样本。

而沪深 300 指数中的某些上市公司也有可能因为市值的下降而慢慢跌落出了前 300 名，于是从沪深 300 指数里面调整出来，并调入中证 500 指数样本。

另外，一旦某些样本股的上市公司出现了违规违法和退市的情况，那么会直接调整出所有指数的样本。

所以，指数调整样本股是一个例行操作。通过这样的操作，不同的指数可以一直在市场中保持自己所特有的投资属性，保持风格的持续稳定，这对于长期投资来说非常重要。

一旦指数的成分股出现了调整，那么跟踪这些指数的指数基金就要把持仓的股票进行对应的调整，使持仓股票结构和相应的指数保持一致，这样才能更好地跟踪目标指数。

所以从理论上来说，对被调整出指数样本的股票而言，指数样本调整的新闻应该算是利空。而那些原来不在指数样本里的股票一旦被调入指数样本，就会得到市场上跟踪这个指数的指数基金被动买入，可以解读为短期的利好。

指数定期调整样本股，对于投资指数基金的我们来说没有什么影响，因为指数的属性和风格并没有发生任何的改变，我们继续进行定投就好了，这样的新闻不需要花太多的时间去关注。

当然，随着我国资本市场的发展壮大，尤其是注册制落地之后，股票市场的供给大幅提升，资金向头部集中的趋势也愈发明显，优秀公司的市值增长迅速。在这样的趋势下，原来被定义为中小盘指数的中证500，似乎慢慢地在向中盘风格转变。下图2-23是中证500目前的成分股市值分布图。

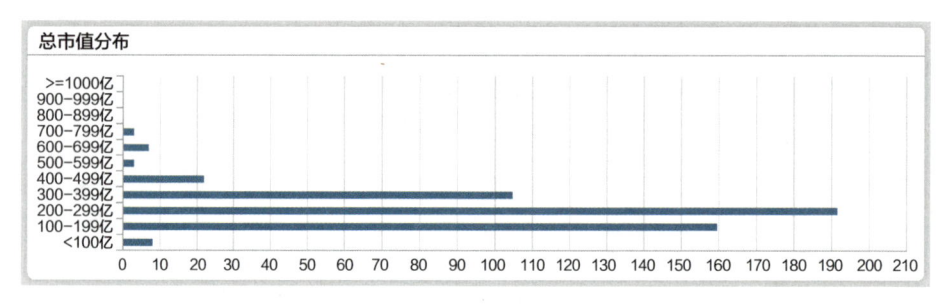

图2-23

而中证1000指数的小盘风格依然很明显，100亿市值以下的样本股456只，100亿～199亿市值的样本股453只（见图2-24）。

中证1000的样本股是怎么选的呢？去掉沪深300和中证500（相当于中证800）的800只样本股之后，市值排前1000名的证券。

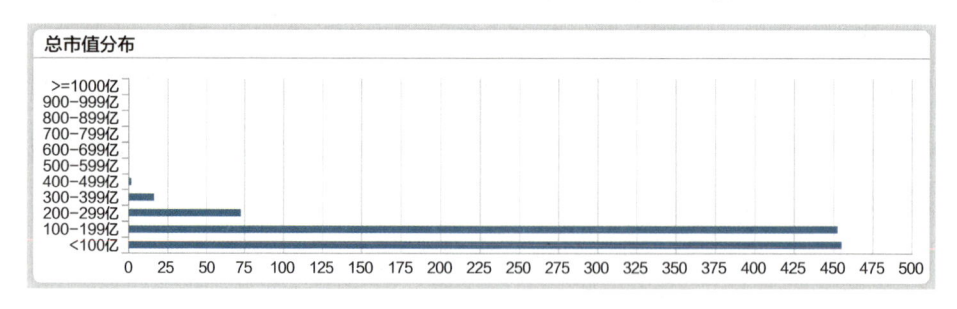

图2-24

Chapter 2
定投选择宽基指数
还是窄基（行业）指数

前面已经反复和大家讲了为什么推荐指数基金作为定投的首选，但是指数，又有宽基指数和窄基指数之分。

什么是宽基指数呢？

宽基指数是指成分股覆盖范围广、包含行业种类多的指数，比如：上证 50 指数、上证 180 指数、沪深 300 指数、中证 500 指数、中证 800 指数等。对于宽基指数，我国监管机构并没有给出标准的定义，但是样本股覆盖多行业，一般按照市值大小、流动性等指标赋予样本股不同权重是宽基指数的特征。不同的宽基指数一般代表着不同市场、不同交易所上市公司、不同体量上市公司的整体表现。

这里我们可以参考一下美国商品期货委员会和美国证券交易委员会的标准。

满足两组标准中任意一组，即可定义为宽基指数。

条件 A：

1. 含 10 只或更多只股票；

2. 单只成分股权重不超过 30%；

3. 权重最大的 5 只股票累计权重不超过指数的 60%；

4. 平均日交易额处于最后 1/4 的成分股累计的平均日交易额超过 5000 万美元，指数至少有 15 只股票超过 3000 万美元。

条件 B：

1. 含 9 只或更多只股票；

2. 单只成分股权重不超过 30%；

3. 每只成分股均为大盘股（按照市值和平均日交易量都排入前 500 的股票）。

——资料来源于网络

前面讲到指数样本股调整知识的时候，我引用了沪深 300 指数的样本股选样规则，大家可以翻回去看看。这也是宽基指数样本股选样的一个原则：和行业无关，关注的是日均市值排名。

因此，样本股覆盖了多个行业，风险分散是宽基指数最大的特征和优势。

而与宽基指数相对应的就是"窄基"，包含了平时大家说的行业指数和主题指数等。白酒指数、新能源车指数、医药指数、银行指数等，这些都是典型的行业指数，行业指数的成分股都是集中于某一个行业，一般采用等权重的方式形成指数。

我们用白酒指数的样本股编制规则来举个例子。

样本选取方法
1. 样本空间
同中证全指指数的样本空间
2. 选样方法
（1）对样本空间内证券按照过去一年的日均成交金额由高到低排名，剔除排名后 20% 的证券；
（2）对样本空间内剩余证券，选取涉及白酒生产业务的上市公司证券纳入白酒主题；
（3）将（2）中纳入白酒主题的证券按照过去一年日均总市值由高到低排名，选取排名前 50 的证券作为指数样本。

可以看到，和宽基覆盖多个行业的"宽"相比，行业指数对纳入样本的上市公司生产业务有明确界定，是限制到了一个行业的"窄"。

从坚持的难易程度来说，基金定投最佳的选择是宽基指数，而不是行业指数。

我们国家的 A 股有一个非常鲜明的特征，那就是板块、行业的轮动特别快。今年涨得好的板块和行业，可能明年就是市场上表现最差的板块和行业。

基金定投本来就是一个长期坚持的过程，所以我们选择的定投标的，应该是一个从长期来讲具有明显上涨特征的标的；但是在过程中间，又存在着波动，可以帮我们利用分批投资来降低短期的波动风险。如果我们看好中国资本市场的将来，那么自然我们也相信宽基指数的长期趋势是往上的。

而行业指数代表的是某一个细分行业的发展态势。在我国，各个行业的发展，尤其是短期的发展，其实受政策因素的影响特别大，比如前两年针对教培行业的政策调整。

行业的整体轮动是和经济发展息息相关的，行业的兴衰也与一个国家本身的经济结构和发展阶段紧密相连，要准确判断行业的发展和投资机会，不是件容易的事情。换句话说，投资行业指数基金的门槛是比投资宽基指数基金的门槛更高的。

不可否认，行业指数在市场中经常会出现短期涨幅惊人的走势，尤其是在结构化的市场行情中。行业指数短期巨大的赚钱效应往往会对投资者形成巨大的吸引力，但很多投资者在进行行业指数基金的投资时，却往往缺乏对于行业的研究和了解。

大家肯定都听说过市场中的钟摆效应，指的是当大家在一个行业短期涨幅很大、赚钱效应明显的时候去投资，本身就是在价格钟摆摆到最高的位置进行买入，那么接下来价格往另外一边回摆的概率就更大，也就是说后续下跌的概率更大（见图 2-25）。

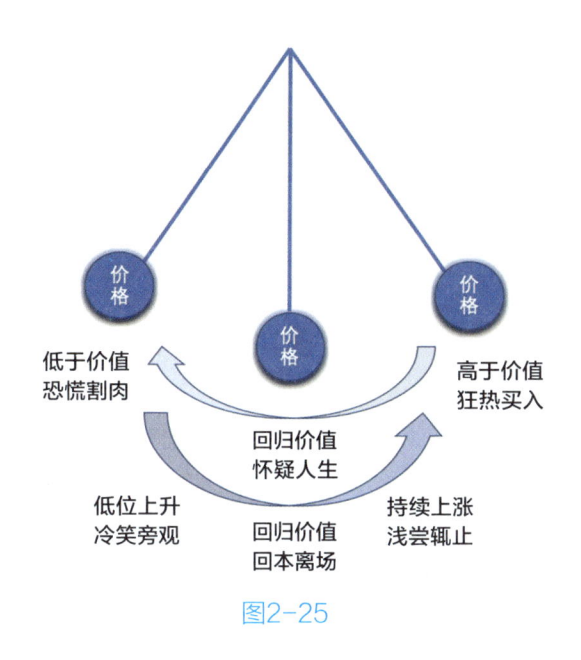

```
                    价
            价       格       价
            格               格
         低于价值         高于价值
         恐慌割肉         狂热买入
              回归价值
              怀疑人生
         低位上升   回归价值   持续上涨
         冷笑旁观   回本离场   浅尝辄止
```

图2-25

行业指数涨得快涨得高，在资金退潮的时候也跌得快跌得低。在大幅下跌的过程中，绝大多数投资者信心就崩掉了，因为他们本来就对所投资的行业不了解，不了解就没有信心，也根本就没有建立信心的基础可言。

持有行业指数基金的投资人会听到各种各样关于所投资行业的看法，而各种媒体上最具传播度的信息就是符合大多数人情绪走向的信息。所以我们会发现，一个行业涨上去的时候，会有无数的声音说这个行业未来会很好，非常值得投资；而在跌的过程中，我们听到的往往是负面的声音，对于持续投资的信心也就更加脆弱。于是很多人就会在低位停止定投扣款，甚至于直接在低位割肉离场。

所以如果大家对一个行业没有足够的认知、没有真正的了解，我真的建议大家远离行业投资，远离行业指数基金，因为你没有办法去承受它波动的风险。哪怕这个行业是很有前景的行业，你亏钱的概率仍然是巨大的。

不要给自己的投资增加难度，不要去投资那些自己搞不懂的行业。我们如果买了一个自己不懂的东西，那我们又如何认为自己能够在这个不懂的东西上面赚到钱呢？不要忘了，投资是认知的变现。

行业指数不是不能投资，投资的前提是我们对这个行业有充分的研究，有足够的长期信仰。对于大部分投资者而言，这个要求真的太高了。相对而言，定投选宽基指数合适得多。因为宽基指数代表了整个市场的系统性方向，只要我们看好国家将来发展的大势，选择投资宽基指数，就能跟随市场一起分享国家发展所带来的收益。而通过分批投入的方式，又可以帮我们降低短期波动的风险，让我们不管在什么样的市场都敢于大胆参与。只要长期，只要坚持，随着国家的发展，随着经济的复苏，不受行业轮动影响的宽基指数就能给我们带来良好的收益，这才是正确定投的本质。

Chapter 2
定投每期扣款多少比较合适

说到定投，总是绕不开到底每期扣多少钱比较合适这个问题。

对于这个问题，在过去的这些年，整个市场的参与者包括我自己的认知都有非常大的转变。

国内公募基金的销售在最开始基本上是靠代销渠道，而商业银行在代销渠道中的霸主地位延续了多年，所以早期进行基金投资的人一般都是在银行的客户经理和理财经理的引导下开始的。

而作为初次接触基金投资的人，对于一个不熟悉的投资品种，往往都会有着天然的警惕性，所以愿意尝试投入的资金量都是不多的。而公募基金在有第三方网络代销渠道之前，最低的起点申认购金额是1000元，但对于很多人来说，这个数额似乎还是有点高了。因此基金定投业务100元起投的这个低门槛，就成了银行给新客户推荐基金投资的最佳切入口。

在国内基金定投最开始推广的很多年，我们做定投每期扣款的金额都不高，绝大多数人是每月扣款 100 元或 200 元。

作为一个新的投资品种，我们用少一点的资金去进行投资尝试是无可厚非的，而且我们刚开始接触投资的时候，对于自己的风险承受能力、基金投资知识的了解程度都是不足的，因此当市场出现下跌波动的时候，会对我们的心理产生巨大的负面影响。

一开始就投入比较高的金额来进行定投，很有可能会让我们没有办法去忍耐定投过程中所遭遇到的市场波动。当我们看到自己账户上面出现了浮亏，可能就会忍不住开始怀疑基金投资的可信程度，就会想要把定投给停掉，把手中持有的份额赎回；而当我们看到账户有了浮盈，又会在担心即将下跌想马上赎回和担心赎回之后市场继续上涨的两难中纠结。

如果用比较高的扣款金额去做基金定投，很有可能会导致大家没有办法真正长期坚持下去，而用比较少的钱去做定投，定投过程中短期的涨跌能造成的账面浮亏和浮盈数字都是不大的，相比我们自身所持有的资产总额而言比例很小，所以我们不会太看重，这样反而能够长期坚持下去。

因此，小额扣款的定投更有利于我们定投的长期持续。

但是经过这么多年定投的实践以及聆听身边和网络上很多朋友分享的定投经历之后，我突然发现，有些观念可能跟我们最开始所想的出现了一些偏差。

小额扣款定投因为资金量小，确实不会让我们太去关注市场的涨跌，但是严格来讲，因为它占我们总资产的比例实在是太低了，所以哪怕最后定投真的有帮我们赚到钱，有一个很高的收益率，但由于本金投入太少，实际上收益并不多。

2015年，豆瓣上有个粉丝给我发消息，咨询定投止盈的问题。她说她定投半年赚了40%，要不要做止盈。半年40%，如果换算成年化收益率已经到80%了，于是我给她回复消息说一定要做止盈赎回，这个收益率已经非常高了。最后我又多问了她一句：你定投已经投入了多少本金呢？她回答我说：每个月扣款200元，半年总计扣了1200。我当时看到这个回复，就觉得这半年的定投虽然赚了40%，但是止盈似乎也没有太大的实际意义。因为只有1200元的本金，40%的收益率也就是赚了480元……这是典型的"赚了收益率却没有赚到钱"。

2020—2021年间，我也看到很多朋友每期定投就扣款100元，在向上的行情中，几个月都赚到了很高的账面收益率，但实际上并没有赚到什么钱。反而是等到2021年下半年市场情绪狂热的时候，这些朋友拿出了大笔的资金在高位申购，至今仍被牢牢套住。

而小额定投如果是亏钱，只要是亏损，不管亏多亏少，大家看到都会觉得心情不好，长此以往，就有很多人形成了一种思维——定投好像真的没什么意义，赚不到什么钱，而且账户里经常是亏的。

小额定投其实对于基金定投的推广在某种程度上也会起到负面的作用。

站在银行理财经理的角度，他们其实也不愿意再给客户去推荐基金定投。因为对于他们来说时间就是最大的成本，给一个客户讲清楚基金定投的原理，让客户接受定投的观念并听从建议开始做定投，这个过程至少要花 15 分钟的时间。如果客户到最后仅仅做了一个每月扣款 200 元或者 500 元的定投，这笔业务能够给银行理财经理带来的业务收益几乎可以忽略不计！这对于理财经理来说，实在是太不经济了。

理财经理完全可以用相同的时间来推荐客户配置一个保险产品或是单笔认购一只新发的基金，这样所获得的收入有可能是几十倍乃至上百倍于给客户配置一个基金定投的。长此以往，也就不会再有理财经理愿意去帮客户做基金定投的推荐了。

而站在投资人的角度，因为小额基金定投赚钱的效果不明显，亏钱的感觉反而印象深刻，所以到最后也不愿意再去尝试基金定投。

所以我想跟大家郑重地传输这样一个观点——做定投，请不要再仅仅扣一点点无关紧要的小钱，我们应该把定投变成一个分批布局进行基金投资的方法，每一笔扣款都请做得更大额一些。

怎样叫作大额？大额针对不同收入的人来讲，具体的数字肯定是不一样的。就我自己而言，我每个月会把我当月收入减去必要日常开销后剩余部分的 60%～70% 分配到我所设定的定投计划中去。

这样的资金分配使我参与投资的金额有一定的规模，每月也有可以进行低风险投资的资金。当遇到市场极端性下跌的时候，还有资金用于补仓，更快地拉低整体的持仓成本。

所以我建议大家在目前这个市场相对而言估值还比较低的阶段，大胆地在每个月进行大额的定投配置。这样能够让我们在相对低的底部区间拿到更多的低价份额，在未来的两到三年，市场真正开始转暖，一路走牛的时候，我们就可以获得极其丰厚的回报，既赚到了收益率，也真正能赚到钱！

所以，请记住，基金定投千万不要每期只扣一点点无关紧要的钱，建议大家做大额定投。当然，如果你身边有朋友从来没有接触过基金投资而又想开始尝试投资基金的，从小额定投开始也是一个合适的策略。当然，推荐他多听听我的直播节目，看看《基金投资好简单》和《基金定投聊通透》，这样大额定投依旧是最值得推荐的。

Chapter 2
基金定投该选择哪种分红方式

投资过公募基金的朋友们肯定知道，公募基金是有分红机制的，而且有两种分红方式可供选择，一种是现金分红，另一种是红利再投资。

在每只基金的基金合同和招募说明书中，都会有关于基金收益分配的章节，详细说明基金分红的来源、方式。

我们可以看看某只基金这一部分是怎么写的：

(一) 基金收益的构成

基金收益包括：

1. 基金投资所得红利、股息、债券利息；
2. 买卖证券价差；
3. 银行存款利息；
4. 其他收入。

因运用基金财产带来的成本或费用的节约计入收益。

(二) 基金净收益

基金净收益为基金收益扣除按照有关规定可以在基金收益中扣除的费用后的余额。

可以看到，基金收益其实就是基金资产通过投资运作赚到的所有收益，而基金净收益就是收益减去费用后的余额。

(三) 收益分配原则

1. 由于基金费用的不同，不同类别的基金份额在收益分配数额方面可能有所不同，基金管理人可对各类别基金份额分别制订收益分配方案，同一类别的每份基金份额享有同等分配权。

2. 基金当年收益先弥补以前年度亏损后，方可进行当年收益分配。

3. 如果基金投资当期出现净亏损，则不进行收益分配。

4. 基金收益分配后基金份额净值不能低于面值。

5. 在符合有关基金分红条件的前提下，本基金收益每年至少分配一次，但若合同生效不满3个月可不进行收益分配，年度分配在基金会计年度结束后的4个月内完成。

6. 本基金默认收益分配方式为现金方式，基金份额持有人可以选择取得现金或将所获红利再投资于本基金。选择采取红利再投资形式的，分红资金将按分红实施日的基金份额净值转成相应类别的基金份额。

7. 法律法规或监管机关另有规定的，从其规定。

从上面这部分我们可以清楚看到，同一只基金的不同类型份额的分红方式可能会有不同。基金公司一般都会通过基金合同约定每个自然年度至少有一次的分红，但前提条件是这只基金有盈利。基金只有在盈利的状况下才有可能分红，决定了面值以下的基金不可能有分红，而且分红后的基金份额净值也不能低于面值。

（四）收益分配方案

基金收益分配方案须载明基金收益的范围、基金净收益、分配对象、分配原则、分配时间、分配数额及比例、分配方式等内容。

（五）收益分配方案的确定与公告

本基金收益分配方案由基金管理人拟定，由基金托管人复核，基金管理人按法律法规的规定公告，请投资者留意本基金指定媒介。

（六）收益分配中发生的费用

1.收益分配采用红利再投资方式免收再投资的费用；采用现金分红方式，则可从分红现金中提取一定的数额或者一定的比例用于支付注册登记作业手续费，如收取该项费用，具体提取标准和方法在招募说明书中规定。

2.收益分配时发生的银行转账等手续费用应由基金份额持有人自行承担；如果基金份额持有人所获现金红利不足支付前述银行转账等手续费用，注册登记机构可将该基金份额持有人的现金红利按分红实施日的基金份额净值转为同一类别的基金份额。

基金分红是指公募基金将净收益的一部分以现金（现金分红）或份额（红利再投资）的形式分配给投资人，而这部分净收益本来就是基金净资产的一部分。所以分红之后的公募基金份额单位净值会同步降低，对于基金份额持有人来说，其实就是一个左口袋的钱放到自己右口袋的过程。投资者选择了现金分红，现金分到了自己的银行账户里面，只不过就是把自己左口袋（基金账户）的钱放到了右口袋（银行账户）而已，不管放到哪个口袋，这个钱都是投资者自己的。而如果选择的是红利再投资，只不过就是我们把这笔钱从自己的左口袋（基金账户）拿出来，然后选择再把这个钱重新放回到左口袋（基金账户）里面。

基金分红并不是越多越好，投资者应该选择适合自己的分红方式。而且衡量基金业绩好坏的标准并不是基金分红情况，而是基金净值的增长情况，分红只不过是基金净值增长的部分兑现而已。

对于开放式基金，投资者如果想实现收益，可以通过赎回基金份额来做到。因此，基金分红与否以及分红次数的多寡并不会对投资者的投资收益产生明显的影响。

而封闭式基金大部分在封闭期内无法赎回，若支持场内交易的，只能通过场内的价格来进行卖出交易，但出于流动性原因往往会出现折价，因此要想通过在场内卖出基金份额来实现基金收益，大部分时候是不划算的。所以在这种情况下，基金分红就成为实现基金收益唯一可靠的方式。大家在选择封闭式基金时，应更多地考虑分红的因素。

所以，关于基金分红，以下几点大家要清晰：

1. 基金赚钱才有可能分红，亏损的基金是不会分红的；
2. 分红的收益来源于基金的净收益，本就包含在基金的净值中，并不是额外的收益；
3. 分红机制的设置，最早是因为封闭式基金占市场主流，所以通过分红来进行产品流动性的补充是必要的，但是现在基本上是开放式基金了，分红的设置其实已经没有太大的意义了。

基金分红是按照投资者所持有的基金份额按分红方案给付到投资者的账户。分出来的这笔收益有两种处理方式，我们可以在设置定投或者申购、认购的时候选择现金分红或红利再投资。

现金分红就是直接把这个收益以现金的方式分配到投资者当时认申购基金或者定投基金的相应资金账户中，而红利再投资就是指用这个收益免申购费再申购相应的基金份额。

不管采用哪种分红方式，公募基金在分红完成后，单位份额净值都会相应降低。选择了现金分红的投资者持有的基金份额不变，持有的基金资产加上分红到账的现金之和与基金分红前持有的基金资产总额相等。而选择了红利再投资的投资者，持有的基金份额会变得更多，但由于基金份额净值的下降，所以分红后持有的基金资产总额和分红前保持相等。

因此，选择现金分红或红利再投资，在基金分红的那个时点不会对我们的资产产生任何的影响。

但是，对于定投来讲，我们到底应该选择红利再投资还是选择现金分红呢？

大家可以这样来理解这个问题：我们把左口袋的钱，定义为参与市场投资的钱，而把右口袋的钱定义为藏在家里保险柜的钱，而放在这个保险柜里面的钱是不参与市场投资的。

关于基金定投，我们讲的是通过分批的方式长期布局，达到止盈线的时候再做赎回。如果我们选择了现金分红，这就意味着左口袋参与投资的钱在还没有达到止盈线的时候，就要掏一部分出来放入右口袋的保险柜，本质上相当于被动地做了一次赎回。

而如果我们选择的是红利再投资，那不管这只基金有没有分红，到最后我们的这笔钱一直都是在坚持定投,一直都留在市场里面。

所以做基金定投,我建议大家使用红利再投资,而不推荐大家选择现金分红。

现金分红只不过是一次被动的减仓动作,一次不在计划中的赎回,这个在基金定投中是不需要的:因为我们基金定投的赎回,只应该发生在达到我们所设定的止盈线的那一刻。在没有到止盈线的时候就被动进行赎回,只会减少我们参与投资的资金,降低资金的投资效率。

我们用 3 只不同的主动管理型基金同时段定投(选择不同分红方式)的最终收益情况做一个直观的对比。

测算区间从 2007 年 10 月 1 日(上证指数 5552.30 点)到 2015 年 5 月 31 日(上证指数 4611.74 点),一个完整微笑曲线周期,月定投模式,每期扣款 1000 元,申购费率均为 1.20%。

先看第一只基金的测算结果(表 2-14):

表2-14

分红方式	总期数	总投入	总资产(元)	总收益	总收益率	年化收益率
现金分红	92	92,000.00	200,104.81	108,104.81	117.51%	19.78%
红利再投	92	92,000.00	217,976.05	125,976.05	136.93%	21.95%

可以看到,红利再投模式在长期定投后的总收益率相比现金分红模式高了近 20 个百分点,年化收益率多于 2 个百分点,这个差距还是相当明显的。

再看第二只基金的测算结果（表2-15）：

表2-15

分红方式	总期数	总投入	总资产（元）	总收益	总收益率	年化收益率
现金分红	92	92,000.00	224,760.36	132,760.36	144.30%	22.73%
红利再投	92	92,000.00	252,954.98	160,954.98	174.95%	25.73%

红利再投模式在长期定投后的总收益率相比现金分红模式高了30个百分点，年化收益率也高出3个百分点。

最后看第三只基金的测算结果（表2-16）：

表2-16

分红方式	总期数	总投入	总资产（元）	总收益	总收益率	年化收益率
现金分红	92	92,000.00	190,067.98	98,067.98	106.60%	18.48%
红利再投	92	92,000.00	213,681.43	121,681.43	132.26%	21.45%

红利再投模式的长期定投收益率比现金分红模式高出近26个百分点，年化收益率高出近3个百分点。

以上数据也再次验证了我的观点：基金定投选择红利再投模式更好。

周定投，周几扣款比较好？
月定投，月末还是月初扣款比较好

经常会有刚开始做定投的朋友问我：如果我做周定投，到底是设置在周一扣款比较好，还是在周五扣款比较好？而做月定投的朋友则会问我：我到底是在月初扣款比较好，还是在月末扣款比较好？

网络上还真的有很多文章针对这个问题做了"分析"，最后得出来不少结论，比如说周五扣款比周一扣款好：因为很多股市的负面消息都是周末公布出来的，一般资金都会选择在周五卖出避险，所以周五跌得多。诸如此类。

我们很容易就可以发现这个结论是靠不住的。

因为市场中是人跟人在博弈，参与者都不是傻子，如果负面消息都是周末出台，所以周五市场跌的概率大，这个规律一旦被大家知道，那么一定会有更多的人选择在周五买入，那么周五市场上的买盘一定会变得更大，最终使周五的市场不再下跌。

其实这就和跨市场套利的逻辑一样，只要有套利的空间出现，那么套利资金的套利操作最后必然使得套利空间完全消失，这就是市场"无形的手"。

那么到底什么日子扣款更好呢？我们还是用数据来说话吧。

我的观点是：不管我们的周定投在周一扣款还是周五扣款，也不管我们的月定投是在月初扣款还是月末扣款，最后对于我们定投的收益基本上没有影响。

我用代表大盘蓝筹的沪深300指数和代表中小盘的中证500指数以及一只主动管理型基金进行数据的测算。

三只基金所选择的测算区间从2007年10月1日（上证指数5552.30点）到2015年5月31日（上证指数4611.74点），相当于走完一个完整的微笑曲线，从阶段性高点开始到下一个高点结束。

我们先看周定投的测算数据，按照从2007年10月8日开始的周一、周二、周三、周四、周五分别定投扣款1000元每期进行测算，看看最终的收益率会有多大的差别，分红方式采用红利再投资，申购费率假设为0。

先看沪深300指数的定投：

表2-17

扣款日	总期数	总投入	总资产（元）	总收益	总收益率
周一	399	399,000.00	703,410.64	304,410.64	76.29%
周二	399	399,000.00	704,531.46	305,531.46	76.57%
周三	399	399,000.00	703,466.85	304,466.85	76.31%
周四	399	399,000.00	704,311.17	305,311.17	76.52%
周五	399	399,000.00	703,346.31	304,346.31	76.28%

从表 2-17 可以看到，当我们在相同的时间区间进行沪深 300 指数基金周定投的时候，不管是周一还是周五扣款，最终的总收益率差别微乎其微。

我们再看看如果定投中证 500 指数会不会不一样：

表2-18

扣款日	总期数	总投入	总资产（元）	总收益	总收益率
周一	399	399,000.00	1,057,906.85	658,906.85	165.14%
周二	399	399,000.00	1,059,399.30	660,399.30	165.51%
周三	399	399,000.00	1,056,365.75	657,365.75	164.75%
周四	399	399,000.00	1,058,071.91	659,071.91	165.18%
周五	399	399,000.00	1,057,569.63	658,569.63	165.06%

从表 2-18 可以看到，依然是一样的结论：不管是周几扣款，收益率几乎没差。

最后用主动管理型基金来测算一下（表 2-19）。

表2-19

扣款日	总期数	总投入	总资产（元）	总收益	总收益率
周一	399	399,000.00	1,105,117.39	706,117.39	176.97%
周二	399	399,000.00	1,106,659.38	707,659.38	177.36%
周三	399	399,000.00	1,104,487.08	705,487.08	176.81%
周四	399	399,000.00	1,105,661.80	706,661.80	177.11%
周五	399	399,000.00	1,103,726.10	704,726.10	176.62%

依然是一样的结论。

因此我们做周定投完全不用纠结到底是周几扣款最好。

接下来我们在同样的测算周期，对比一下月定投的月初 1 日和月末 25 日两种扣款日的定投收益。

依然先是沪深 300 指数的定投（表 2-20）：

表2-20

扣款日	总期数	总投入	总资产（元）	总收益	总收益率
1日	92	92,000.00	162,330.25	70,330.25	76.45%
25日	92	92,000.00	162,909.32	70,909.32	77.08%

92 期月定投之后月初和月末扣款的收益率差距依然很小。

再看中证 500 指数定投（表 2-21）：

表2-21

扣款日	总期数	总投入	总资产（元）	总收益	总收益率
1日	92	92,000.00	245,659.32	153,659.32	167.02%
25日	92	92,000.00	243,843.30	151,843.30	165.05%

最后是主动管理型基金（表2-22）：

表2-22

扣款日	总期数	总投入	总资产（元）	总收益	总收益率
1日	92	92,000.00	255,990.44	163,990.44	178.25%
25日	92	92,000.00	254,927.30	162,927.30	177.09%

可以看到，月定投不管是月初扣款还是月末扣款，最终的收益率也差别不大，因此大家也无须为这个问题去纠结。

估计有朋友会质疑，是不是因为选择的这个时间段比较特别，所以才有这样的结果？如果我们换个时间段呢？

那我们就选择2015年6月1日（上证指数4828.74点）到2021年12月31日（上证指数3639.78点）这段时间重新测算上面三只基金定投的结果。

先看周定投，还是沪深300指数（表2-23）：

表2-23

扣款日	总期数	总投入	总资产（元）	总收益	总收益率
周一	344	344,000.00	442,948.63	98,948.63	28.76%
周二	344	344,000.00	442,431.09	98,431.09	28.61%
周三	344	344,000.00	442,855.11	98,855.11	28.74%
周四	344	344,000.00	443,295.50	99,295.50	28.86%
周五	344	344,000.00	443,479.55	99,479.55	28.92%

接下来是中证500指数（表2-24）：

表2-24

扣款日	总期数	总投入	总资产（元）	总收益	总收益率
周一	344	344,000.00	426,602.48	82,602.48	24.01%
周二	344	344,000.00	426,086.96	82,086.96	23.86%
周三	344	344,000.00	426,599.48	82,599.48	24.01%
周四	344	344,000.00	427,125.54	83,125.54	24.16%
周五	344	344,000.00	427,637.29	83,637.29	24.31%

最后是主动管理型基金（表2-25）：

表2-25

扣款日	总期数	总投入	总资产（元）	总收益	总收益率
周一	344	344,000.00	640,227.43	296,227.43	86.11%
周二	344	344,000.00	639,028.34	295,028.34	85.76%
周三	344	344,000.00	639,582.21	295,582.21	85.93%
周四	344	344,000.00	640,070.70	296,070.70	86.07%
周五	344	344,000.00	640,080.64	296,080.64	86.07%

依然是同样的结论：**周定投不用纠结于到底是周几扣款更好**。

然后看看月定投月初与月末扣款的差别。

沪深 300 指数月定投（表 2-26）：

表2-26

扣款日	总期数	总投入	总资产（元）	总收益	总收益率
1日	79	79,000.00	101,989.34	22,989.34	29.10%
25日	79	79,000.00	102,022.87	23,022.87	29.14%

中证 500 指数月定投（表 2-27）：

表2-27

扣款日	总期数	总投入	总资产（元）	总收益	总收益率
1日	79	79,000.00	98,403.46	19,403.46	24.56%
25日	79	79,000.00	98,285.92	19,285.92	24.41%

主动管理型基金月定投（表 2-28）：

表2-28

扣款日	总期数	总投入	总资产（元）	总收益	总收益率
1日	79	79,000.00	148,007.89	69,007.89	87.35%
25日	79	79,000.00	146,866.28	67,866.28	85.91%

再次验证了：**月定投到底是月初扣款还是月末扣款真的没有什么影响**。

根据自己的现金流情况，保证扣款的时候账户上有充足的资金，让自己的定投计划能够持续下去比什么都重要。

另外，从上面的测算数据我们还能发现在同样的投资周期中，同一只基金做周定投或月定投最终的收益率也是差不多的。表 2-17 是沪深 300 指数基金周定投的收益率，表 2-20 是同时间段沪深 300 指数基金月定投的收益率，可以看到收益率差不多。

表 2-18 是中证 500 指数基金周定投的收益率，表 2-21 是其月定投收益率，二者也近似。

表 2-19 是主动管理型基金周定投的收益率，表 2-22 是其月定投收益率，二者仍然差不多。

所以，周定投和月定投也没有什么优劣之分，大家可以根据自己的实际情况来进行选择。

当然，以上结论都仅仅针对长期定投，如果定投扣款的期数很少、基金单位份额净值变动又很大的，以上不同扣款方式的收益率差会更大一些，但随着扣款期数的增多，最终收益率会趋向于一致。

Chapter 2

定投的资金使用效率问题

一直以来，我都在强调，定投是一种非常适合普通的散户投资者尤其是小白投资者的投资方式。

因为它足够简单，"性价比"极高。

但是任何的投资方法都有利有弊，而且任何的观点都只能代表某个机构或者个人的经验总结以及对市场的理解。

所以有很多朋友会在我的各种直播、文章下面提出质疑，或者就某一个问题提出不同的观点来进行探讨。

我觉得有不同的观点很正常，有些问题可以越辩越明（比如关于定投是否有复利效应的问题），我们也可以心平气和地进行交流。对于大家来说，这绝对是好事，兼听则明。大家可以多听一听、多看一看不同的观点，最后找到一个适合自己的能够长期坚持的投资方式。而我做各种节目和写这本书的初衷，也是希望更多的普通投资者能去了解定投，了解投资公募基金的正确方法。

很多朋友经常会问我：如果未来市场慢牛，定投是不是比不过一次性投资？

确实，关于定投投资效率的问题是大家经常会提到的问题之一。

所谓的投资效率问题就是我们手中的资金如何更加有效地参与市场赚取收益的问题，这也是一个定投和一次性投资孰优孰劣被永远争论的话题。

我们先用数据说话。

我这里选一只历史业绩比较优秀的主动管理型基金，按照2007年10月1日—2022年12月31日的区间进行定投测算，每月定投1000元，红利再投资，不做止盈，申购费率按照1.2%来进行设定。我们比较一下一次性投资和定投的业绩差别：

表2-29

指标	总期数	总投入	总资产（元）	总收益	总收益率
定投	183	183,000.00	475,591.33	292,591.33	159.89%
单笔投资	1	183,000.00	645,331.41	462,331.41	252.64%

从表2-29可以看到，十几年的长期投资之后，一次性投资的收益率远远高于定投的收益率。

投资主动管理型基金的目的本身就是获得超额收益，也就意味着主动管理型基金本来就应该比市场的平均收益做得更好一些，否则凭什么收取高过指数基金的管理费？所以合格的主动管理型权益基金的收益一定会高于权益指数基金的收益，这是客观存在的现实。

一次性投资优秀的主动管理型权益基金，一般来说会比做定投的收益更好一些，资金投资的效率也会更高一些。

其原因在于：优秀的基金经理可以在不同市场环境下帮我们获取超额收益，可以持续地跑赢市场。而如果我们是做一次性投资并长期持有，意味着在投资的起点，我们就是把一整笔资金全部都投入市场中来参与投资，后面的所有收益都是建立在整笔本金基础之上，只要这只产品的走势是一直往上的，那么最终所能获得的收益肯定会比资金分批投资所获得的更多。

而如果采取定投，也就是分批投入资金的方式，我们实际上在前期投入市场的资金量是比较少的，进行投资的资金总量是随着时间而逐渐增多的。所以虽然最后我们所投资的资金总量和一次性投资的一样，也会发现定投实际赚到的收益不如在一开始一次性买入的。这个结论在前面的章节中也有阐述。

其实这个道理适用于所有的投资品种。因此，如果在市场相对的估值底部区间，投资者愿意一次性去投资一个靠谱的产品是可取的。

但是一次性投资面对的问题也是我们必须要提前去考虑的。

比如投入大笔资金之后，面对短时的市场波动而造成大额持仓浮亏的时候，我们是不是有信心坚持下去，去等待未来的那个在现时看起来并不太确定的涨幅跟最后胜利的结果。

现实中散户投资最容易出现的问题就是追涨杀跌，而追涨杀跌产生的原因也就是当市场不断往下跌的时候，大部分人觉得市场没有最低，只有更低，当心理承受不了的时候，就直接把手中所持有的产品给卖掉了，但是这种时候，恰恰是最应该补仓、最应该坚持的时候。等到市场从底部开始重新上涨，很多人却发现自己已经在最低位的时候把产品卖掉了，这样又如何能够赚到钱呢？而在市场上涨时，很多人看到身边的人都赚了钱，便忍不住在高位一次性买入，想搏一搏……这就是普通散户投资者参与市场亏钱概率比较大的根本原因。

所以定投并不是一个资金使用效率最高的投资方式，但是定投可以让我们有一个淡然的心态去面对市场的波动，去面对市场的涨涨跌跌，让我们克服追涨杀跌的人性弱点。

说到投资效率，我要再提一下止盈。

在2019年的时候，我有一次在上海参加中国工商银行的客户策略报告会，与我同台进行演讲的有上海证券基金研究所的专家，当时这位专家所演讲的主题就是定投。他提到关于定投止盈的一个看法，那就是他们研究所认为止盈对于定投来说是一个伪命题，因为通过数据测算之后，发现止盈会降低定投的效率。

事实确实是这样的。

从本质上来说，止盈就是达到一定收益率之后，把手中所持有的基金份额全部清空。这也就意味着我们参与后续市场投资的资金量在止盈之后就变少了。如果遇上市场持续上涨，整体的投资效率一定是下降的。

既然止盈会降低定投的效率，为什么我还要推荐大家做呢？

原因有以下几个：

第一，如果长期定投不做止盈，定投钝化效应会变得越来越明显。因为本金变得越来越多，后续每期扣款金额相对于本金的占比越来越少，整个定投计划成本的下降幅度到最后基本上就等于零，不会再因为市场的波动降低成本。关于钝化效应后面会有专门的章节来给大家介绍。

第二，止盈更重要的是可以帮我们有效管控好投资心态。因为我们可以等待一个大的周期去获取最后的收益，同样也可以通过一系列小的周期来获取小的收益。也就是所谓"大微笑曲线"和"小微笑曲线"的差别而已。

大家做投资最希望的是赚到钱，看到账面上有收益。但是账面上的浮盈，经历了市场的波动，到最后有可能都是一场空而已，只有落袋为安的，才是属于我们自己的收益。

而止盈可以让我们不断地感受到这种落袋为安的安心，可以让我们通过一次次的落袋为安而坚定继续投资的信心，尤其是对于刚开始尝试基金投资的新手来说，这个信心的重要性远远超过了投资效率。

而且说到投资，灵魂四问中最重要的那个问题是：你打算赚多少钱就走？

很多人的回答是赚得越多越好。但如果你投资的目标是赚得越多越好，到最后大概率会是亏钱的。因为人性本贪。

当你赚到了50%，你大概率会觉得应该要赚到100%。当你赚了100%，也许你就会认为赚200%也不算过分。巴菲特作为股神，多年投资的年化收益率，也就是20%上下。所以对于普通投资者而言，设立一个理性并且合理的投资理财目标，才是我们有效管控投资风险的一个基本前提。

中国的大多数老百姓在过往这些年最习惯做的投资方式，一是储蓄，二是银行理财。因为大家都把保本、安全放在了第一位。但是每次牛市来临的时候，我们会发现很多的大爷大妈都把老本拿出来去赌市场的短期行情，到最后亏得一塌糊涂。因此，如何根据自己的风险承受能力，去选择一种相对而言风险比较可控，能够长期提供持续回报的投资方式，才是我们普通老百姓应该考虑的问题。

定投并不是一种投资效率最高的投资方式，但肯定是一种小白投资者最容易上手且容易获得良好结果的投资方式。加上止盈的设定，可以让我们安安心心地不断在相对短的区间之内得到盈利且落袋为安的奖励。而一次次的"奖励"则可以继续增强我们投资的信心，从而让我们的投资有更大的概率长期持续下去。

在我国资本市场长期向上的趋势背景之下，只有坚持参与市场，不断去获取属于自己的那一份收益，这样的投资方式才是健康的，才是持久的。

投资需要坚持。
投资需要良好的心态。

投资应该是一种良好的习惯。

任何想要博取短期价差、高额收益的行为，在本质上其实已经脱离了投资的范畴，而更多地倾向于投机。根据自己的风险承受能力，给自己设定一个合理的收益预期，我觉得这是所有投资活动要成功的前提。

Chapter 3

Chapter 3

定投止盈的方法

止盈是我一直反复强调的投资纪律，定投自然也应该止盈。

定投的止盈方法一般有三种：目标金额止盈、目标点位止盈和目标收益率止盈。

目标金额止盈法，顾名思义，就是我们在开始定投时，就设定具体的目标盈利数额，一旦后续达到了这个金额的盈利，就进行赎回止盈。

这个方法比较简单也易于操作，因为只要看我们定投账户中的金额和定投扣款的本金之间的差值是否达到了一个固定的数字，就可以判定是否需要止盈，网络上有不少人推崇这种止盈方法。

我对这个止盈方法不是非常赞同。因为定投是不断在通过定投扣款追加投资本金的，随着我们的资金追加得越来越多，固定不变的止盈目标金额意味着实际的投资收益率在越变越低。

比如我们开始一个定投计划，每月扣款 1000 元，设定 5000 元为目标金额止盈线。第一期扣款了 1000 元，这个时候若要盈利 5000 元，几乎是不可能的，因为这意味着一个月的投资收益率要达到 500%；第二个月继续扣款，累计本金变成了 2000 元，这个时候要达到 5000 元的目标金额，投资收益率要达到 250% 才可以；定投扣款 5 个月之后投入的本金为 5000 元，要达到盈利 5000 元的目标，实际需要的投资收益率已经下降为 100%；定投 10 个月后，本金累积到 10000 元，盈利要达到目标止盈金额 5000 元，意味着投资收益率只需要 50% 了；定投 20 个月后，本金已经积累到了 20000 元，这个时候要赚 5000 元的投资收益率已经降到了 25%……

所以如果采用目标金额止盈法，就意味着随着投资时间的延长，我们的目标投资收益率在不断地降低，这和长期投资所希望追求的效果肯定是背道而驰的。所以我并不推荐这种止盈方法。

目标点位止盈法，指的是设定某一个指数的具体点位作为定投的止盈线。比如说现在我们从上证指数 3000 点开始做定投，设定上证指数 3600 点为我们的定投止盈赎回点位，这就是目标点位止盈法。

目标点位的止盈也是一个比较直观的止盈方法，因为大家平时看股市就是看指数点位。但是作为一般的散户投资者，大家是不是每天只看看上证指数是不是又跌破 3000 点了……

如果我们定投的是指数基金，直接采用目标点位止盈法确实是一个比较方便简单易操作的方法，因为指数基金就是跟随指数同涨同跌的，而指数点位本质就是组成指数的所有样本股价格，所以目标点位止盈本质上就是目标价格止盈。

大家定投的哪个指数，就可以直接选用对应的指数来作为止盈目标的设定，一定不要选错了指数——这其实也是很多银行渠道在设置定时不定额功能时经常出现的问题：参照指数和投资者定投的指数基金并不是匹配的，这就会造成参照指标的失效而导致整个定投策略的失败。

但是如果我们定投的是主动管理型基金，基金经理所构建的投资组合就不会是完全复制某一个指数的持仓，并且随着基金经理在不同市场环境下的投资赛道切换，我们可能根本找不到适合作为产品业绩参考的目标指数。当然，我们也可以退而求其次，采用主动管理型基金的业绩比较基准中权重最大的股票指数作为参考指数，来设定目标止盈点位。比如某只行业主题类股票型基金的业绩比较基准为中证医药指数收益率×85%＋中债综合指数收益率×15%，那么我们就可以选用"中证医药指数"作为设定止盈点位的参照指数。

但是我对主动管理型基金如此设定止盈线也有不同的想法。毕竟主动管理型基金的投资目的是获得超额收益，也就是 α 收益，超越业绩比较基准是基金经理工作的最低目标，优秀的基金经理可以长期跑赢业绩比较基准，而且累计的收益率会抛离业绩比较基准越来越远，所以选用业绩比较基准的组成指数来当作主动管理型基金的止盈线设定参照并不是一个很有价值的操作。

目标收益率止盈法，也就是给自己的基金投资账户设定一个目标投资收益率，一旦达到了这个收益率，就进行赎回止盈。这是我过去在所有的音频节目和文章中一直科普和介绍的止盈方法，也是我自己采用的止盈方法。

关于目标收益率止盈法，大家最容易产生的误区就是"固定投资收益率"。比如我们在开始定投的时候，设定止盈线为"投资收益率10%"，之后经过一年的定投，我们的收益率刚好是10%进行了止盈，那么我们可以说我们的"年化投资收益率为10%"；如果我们是经过了2年才达到10%的目标收益率，事实上的年化投资收益率就已经变成了5%；3年才止盈，年化收益率就变成了3.33%……所以如果我们设置的止盈线为一个固定的投资收益率，随着达止盈线前的定投时间越长，实际的年化投资收益率就越低，这就和前面所说的"目标金额止盈法"的缺陷完全一样了。

所以，目标收益率止盈，我建议大家以"年化投资收益率"为标准。

● 定投收益率的计算及止盈线的设置方法

如果要讨论如何运用目标收益率止盈法，首先就必须了解如何计算定投的收益率。我们不管在哪个渠道做基金定投，账户中的收益率都是直接按照一次性投资的方式来计算的。

一次性投资是非常容易计算收益率的。比如我在2023年1月1日投资了12000元，一年之后，账面上的本利和为13200元。这样，我们很快就可以算出一年的收益率：（13200－12000）/12000＝10%。

但如果要准确地计算定投的收益率，是不能这么算的。因为定投每一期投入的资金在一个固定时段之内参与投资的时长是不一样的。

我们同样以一年周期为例。

如果我们是在每个月的月初扣款1000元进行定投，那么在第一个月扣款的资金在接下来一年时间内参与市场投资的时间是12个月，而在2月扣款的资金只会参与市场投资11个月……在12月投资进去的资金在一年周期内只会参与市场投资1个月。

因此，如果要准确地计算定投的精确收益率，我们需要用到相对复杂的财务公式，要考虑到资金的时间价值。

如果我们依然用前面的那个数据：每月定投1000元，全年定投扣款12000元，到年末的时候账面上的本利和也是13200元，那么我们定投的实际收益率到底是多少呢？

我们可以用Excel软件中的IRR公式来进行计算。

内部收益率（Internal Rate of Return，IRR），是资金流入现值总额与资金流出现值总额相等、净现值等于零时的折现率。

在已经经过了一段时间定投后，我们用账户中本利和作为"未来产生的现金流现值"，来计算每期投资收益率（折现率）为多少的情况下刚好等于扣款的总金额（资金流出现值总额）。

在使用Excel进行财务运算的时候，支出金额计为负数，所以12个月每月的扣款金额都是"-1000"，最终本利和为"13200"。我们在Excel的"公式"菜单中点选"财务"，在下拉菜单中找到"IRR"。具体如图3-1所示：

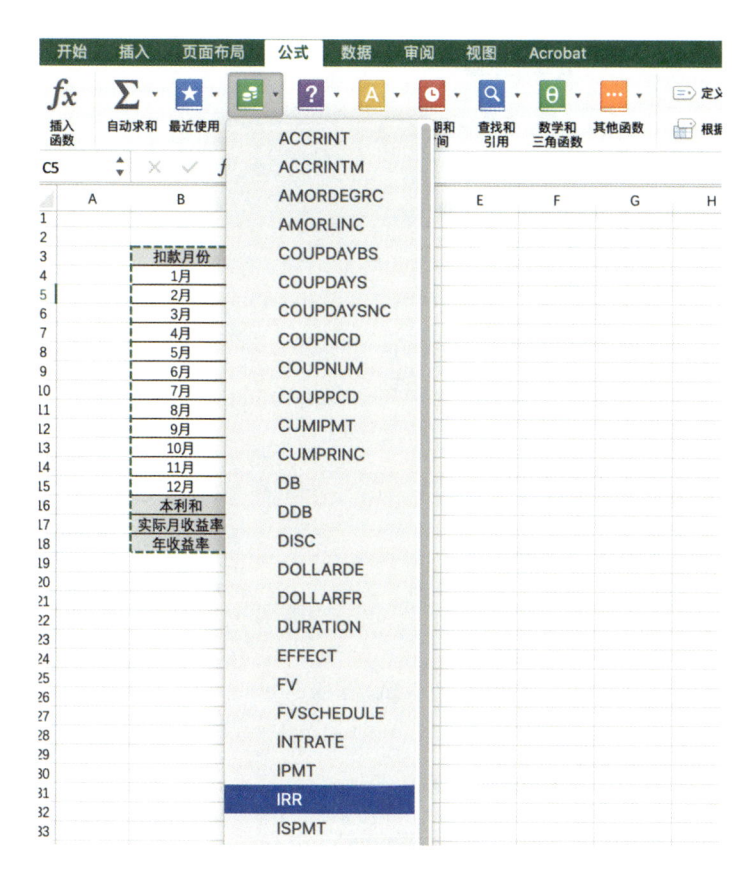

图3-1

接着会弹出IRR函数的取值提示（图3-2）。

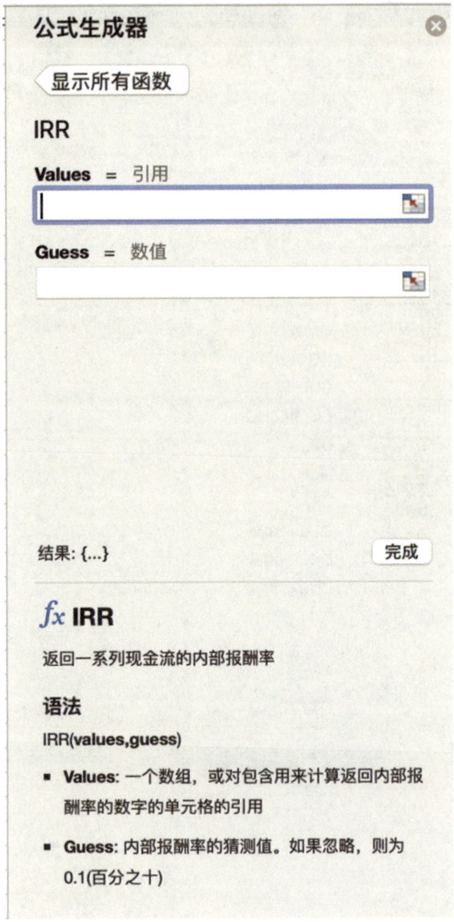

图3-2

在"Values"中我们引用12期扣款及最后本利和总共13个数据，确认之后就得到了定投的实际月收益率为1.46%，然后通过公式$(1+1.46\%)^{12}-1=18.96\%$，这个收益率就是定投一年的实际收益率（表3-1）。这个数字比一次性在1月1日投入12000最终获得13200的收益率10%要高出近1倍。原因很简单，定投扣款12000元并不是从一开始就全部参与了投资，所以最终要达到和一次性投资同样的盈利金额，要求实际的投资收益率更高。

因此，大家平时看到自己定投账户的收益率不高的时候，记得提醒自己，分批投入的资金实际的投资收益率是你目前看到的差不多 2 倍。

表3-1

扣款月份	每期扣款（元）
1月	−1000
2月	−1000
3月	−1000
4月	−1000
5月	−1000
6月	−1000
7月	−1000
8月	−1000
9月	−1000
10月	−1000
11月	−1000
12月	−1000
本利和	13200
实际月收益率	1.46%
年收益率	18.96%

我相信，很多人看到这里就已经有点不理解了——IRR 公式以前听都没听过，Excel 软件我平时也不怎么会用，我怎么去算？即使我愿意学，难道每次想了解我自己的定投收益率都要打开软件去算一次吗？

要想投资成功，止盈纪律的执行确实很重要。但是，如果这个止盈纪律执行起来特别麻烦，需要我们花更多的精力和时间去计算才行，那很有可能这条投资纪律就根本没有办法被执行到底。

所以，站在普通投资人的角度来讲，我建议大家：没有必要去纠结定投精确的年化收益率。我们可以非常粗略地用类似于一次性投资的方式来计算定投的大概回报（如果你是专业人士，对于财务公式有非常丰富的经验，那当然可以进行精确的计算）。

怎么做呢？

假设我们设定止盈年化收益率为10%，定投了12期，每月初扣款一次，一年之后我们的账户里的基金资产价值和我们这一年所扣款的本金总额相比，到底盈利了百分之多少，如果这个值达到了我们所设定的年化止盈收益率，那么就直接做止盈赎回。

如果我们已经定投了一年，但账户的收益率没有达到止盈收益率，那么我们接着扣款继续定投。到了第二年的年底，如果我们账户里面的基金资产价值和我们这两年所扣款的总额相比有了20%的收益率，我们就可以简单地判定我们的定投已经达到了所设定的止盈线，应该要进行止盈赎回。如果是第三年年底，我们就看看自己账户中基金资产价值是不是有了30%的收益，若有，我们就判定已经达到了所设定的止盈线。以此类推，4年就需要40%，5年就需要50%。定投超过一年的止盈线，可以考虑按照月份来进行止盈收益率的累加，比如定投一年半，可以按照10%＋（10%/12）×6＝15%来作为止盈线。

不用过分纠结这个数据是否非常精准，我们需要的是一个理念：我们必须要有一条止盈线，必须要明白在市场超涨的状态之下，当我们的定投已经达到目标收益率的情况之下，一定要做止盈赎回的动作。

总结：我们不需要去追求精确计算定投的收益率，我们可以参考一次性投资的方式来粗略判定自己的定投是否达到了所设定的目标止盈线。若达到了，请即刻做止盈赎回。

投资纪律所设定的规则不能过于复杂，不能太具有技术含量。如果一条投资纪律的设定无比复杂，需要我们投入额外的时间精力去研究的话，那么大概率这条投资纪律就无法长久有效地执行下去，简单的事情才有可能被长久地坚持下去。

对于定投来讲，最简单而正确的事情只有两件：

第一，长期坚持扣款；
第二，达到目标收益率一定要做止盈赎回。

Chapter 3

定投止盈聊通透

对于基金投资，不管是一次性投还是定投，我都建议进行止盈。

关于这个问题，我在《基金投资好简单》中花了不少笔墨进行阐述。

● 市场强势上涨能不止盈吗？

但我相信还是有人会问："当市场强势上涨的时候，我定投的基金或者一次性买的基金已经达到了止盈线，如果做全部赎回，就会踏空后面的市场，这样实在是太可惜了。这个时候我能不能先不赎或者只赎一部分呢？请问怎样的处理方式才是最好的呢？"

确实，在还有"子弹"可以继续往市场里面打的时候，止盈之后空落落的仓位还是会让很多人心里不踏实——万一市场继续高歌猛进怎么办呢？

我这个做了16年定投的人，在每次止盈的时候都仍然会受到人性贪念的干扰，更何况是接触定投时间还不久的朋友们呢？

不可否认的是，每个投资者总要经历次数不等的市场教训之后，才会明白，积小胜为大胜才是投资市场中永恒不变的真理。所有的短期巨额投资收益的获得，几乎都是运气的结果，并且大概率会在后期亏回去。

回到这个问题："市场（行业）持续上涨的时候，能先不止盈吗？"说实话：如果你能知道市场（行业）还会一直上涨，确实不用止盈啊……但是你能预先知道吗？

正是因为市场的不可预知，我们才做定投，才讨论止盈。

针对这个问题，我要先给第一个建议：如果你是对于市场没有太多时间去做专业系统的学习的投资者——投资初学者，那就不要尝试判断市场（尤其是行业）是否处在一个强势上涨的周期中，只要达到了所设定的投资止盈收益率，就应该做全额赎回。

原因很简单：

第一，因为你没有能力也没有办法去准确判断现在的市场是不是处在一个强势上涨的趋势之中。因为你所获取的这些市场信息，可能仅仅就是每天打开手机在非常繁杂的各种信息中所看到的只言片语而组成的一个轮廓而已，你怎么能确定这些对市场的看法就一定是对的呢？网络上的大 V 们往往为了流量而创作内容，会顺着大家的情绪来进行创作，所以每次当市场涨到高位，实际投资风险最大的时候，我们耳边、眼前往往充斥着类似"万点未来不是梦""现在才是刚开始"的非理性观点。

第二，作为个人投资者，能够稳定持续拿到 10%～15% 的年化收益率，已经很不错了。见好就收，拿到自己可以拿到的东西，这才是我们做投资应该坚持的事情。不要去做择时——因为择时是这个市场中最不靠谱的事。这是我一直强调的。

当然，我们也要设想另外一种场景。

如果你觉得自己是高手——通过实践和学习，已经掌握了一定的市场分析技巧（比如当大家看完本书的进阶篇内容后），而且又对自己特别有信心，那确实可以在止盈时有一些不一样的操作。

这就好比一个完全不运动的人，刚开始跑步，让他去跑 5 公里，基本上不要提任何附加的要求，能跑完就算不错了。但是作为一个有经验的跑者，就可以去关注配速、心率、步频等技术细节了。

所以，对于已经"进阶"的朋友们，我给出以下的止盈操作建议。

达到了止盈线，多少是应该要做赎回的——但是赎回可以更加有技巧、更加有技术含量一些。

我们可以借鉴股票交易中的一种方法——网格交易法，来进行操作。

网格交易法的具体做法是把资金分成 n 份，每次投入固定金额，先初始建仓，再设定一个百分比（如 5%），股价每跌 5% 就买入一份，涨 5% 就卖出一份，如此反复买卖。网格交易法最主要的特征就是将资金等分成一定比例，然后根据股票波动的固定比例不断地进行低吸高抛，不断产生盈利，从而积少成多。

我们可以在止盈赎回的过程中，借鉴网格交易法中上涨分步卖出的做法。

比如定投收益率已经到了年化15%，这个时候本应该做全额赎回，但是因为我们对后市充满信心，所以可以先赎回50%，留50%在账户中暂不赎回。接下来市场可能如我们所料一般继续上涨，当账户收益自上次止盈后又涨了5%，我们再赎回初始持有份额的10%；再涨5%，再赎10%……也就是把接下来每上涨5%当成一条"网格"，每到一格就赎回原来账户持仓份额的10%。

上文所提到的先赎50%，然后每涨5%再赎10%只是为了举例，首次止盈是赎回30%还是50%或是其他比例，后续网格设置为百分之多少，大家可以自己根据实际状况来设定。但总体思路一定是首次止盈要先赎回较大部分，剩下持有的部分再根据市场的上涨幅度进行等额分批赎回。

这样的赎回操作也就是在市场上涨的过程中，不断地分批做止盈，而不是一次性全额赎回。虽然这种做法最后的收益比不上等到市场涨到最高点的时候进行一次性赎回，但是这个方法确实可以避免因为过早止盈而失去获得更高收益的机会——当然，前提是市场真的如我们所料那般继续上涨。

那为什么大家不尝试着等到最后的高点再做全额赎回呢？这又回到了为什么做定投的起点了：因为没有人可以精确判断市场高点到底是在哪里。如果可以判断出来，何必还做定投呢？我们不如在市场最低点一次性买入，然后等到最高点再全部卖出就好了。

定投本来就是一个不需要择时的投资方式，但是分批的投入也确实会降低资金的使用效率，而止盈是让我们锁定合理预期收益的方法，遇到强势上涨的长牛行情，也会让我们失去更高收益的可能。

所以定投不是万能的，但确实是一种适合大众入门的基金投资方法，是一种性价比比较高的基金投资方法。

当然，我们可以运用自己的专业知识给自己的定投加一个"助攻"，给自己更多的信心（本书的进阶篇会讲到相关的知识）。当我们有信心判断市场未来大概率会上涨的时候，就可以采用上面所说分批赎回的方式，来验证一下自己对市场的看法是否正确。如果市场真的如期上涨，那就可以比达到止盈线就做全额赎回多赚一些；而如果市场并没有如期上涨，而是开始下跌，那我们大部分的收益也因为做了止盈而被锁定，还算不错，投资感受比没有止盈好很多，投资心态也能更加平和。

所以，止盈是一定要做的，不要因为觉得市场涨得好就放弃了止盈，千万别让贪欲使自己"曾经赚过很多钱"。

接下来我准备了一只中证500指数基金定投数据的测算，来验证止盈的重要性。

大家还记得前面关于长期定投指数收益情况的测算吗？最终的收益率并没有大家想象中那么高，甚至很多人经过长期的定投之后收益率居然还是负的。这是因为之前测算的整个过程是从头到尾只在定投扣款而不在中间做任何的止盈赎回，而这样的定投叫作"曾经赚过很多钱"的定投，如果我们不做止盈赎回的动作，最后发现多年的定投收益率可能不足挂齿。

我们接下来直观地看看做了止盈的定投和不做止盈的定投到底有什么差异吧。

我用来测算的时间区间依然是 2007 年 10 月 1 日到 2015 年 4 月 1 日。之所以选择这样一个时段，是因为到 4 月刚好是止盈赎回的时间，我们可以比较直观地来比较止盈与不止盈的基金定投之间的收益率差别。

定投测算的条件为：月扣款，每期 1000 元，红利再投资，申购费率为 0。

我们把年化 15% 收益率设置为止盈线，扣款一年内不做止盈，满一年之后按照每个月在 15% 收益率上递增 15%÷12 = 1.25% 作为对应月份的止盈线，而且平时不去看定投账户，仅在扣款日打开账户，观察账户收益率是否已经达到止盈线。

这样从 2007 年 10 月开始定投后，我们在 2009 年 8 月 3 日会第一次达到止盈线。

定投的流水如下：

表3-2

扣款期数	定投日期	单位净值（元）	定投金额（元）	购得份额（份）	累计份额（份）	累计收益率(%)	止盈收益率(%)
23	2009-08-03	4020.266	1000	0.25	7.66	33.95	27.5
22	2009-07-01	3503.754	1000	0.29	7.41	18.09	26.25
21	2009-06-01	3332.337	1000	0.3	7.13	13.13	25
20	2009-05-04	3190.254	1000	0.31	6.83	8.94	23.75
19	2009-04-01	2962.839	1000	0.34	6.52	1.61	22.5
18	2009-03-02	2478.808	1000	0.4	6.18	-14.92	21.25
17	2009-02-02	2306.769	1000	0.43	5.77	-21.64	20
16	2009-01-05	2020.243	1000	0.49	5.34	-32.56	18.75
15	2008-12-01	1919.475	1000	0.52	4.85	-37.98	17.5
14	2008-11-03	1539.795	1000	0.65	4.33	-52.43	16.25
13	2008-10-06	2054.042	1000	0.49	3.68	-41.92	15
12	2008-09-01	2238.047	1000	0.45	3.19	-40.52	
11	2008-08-01	3063.812	1000	0.33	2.74	-23.62	
10	2008-07-01	2765.064	1000	0.36	2.42	-33.2	
9	2008-06-02	3788.153	1000	0.26	2.05	-13.53	
8	2008-05-05	4040.159	1000	0.25	1.79	-9.59	
7	2008-04-01	3704.273	1000	0.27	1.54	-18.36	
6	2008-03-03	5227.732	1000	0.19	1.27	10.9	
5	2008-02-01	4456.927	1000	0.22	1.08	-3.59	
4	2008-01-02	5123.934	1000	0.2	0.86	9.8	
3	2007-12-03	4170.263	1000	0.24	0.66	-7.98	
2	2007-11-01	4431.099	1000	0.23	0.42	-6.46	
1	2007-10-08	5088.596	1000	0.2	0.2	0	

从表3-2中可以看到，到2009年8月3日扣款日，账户的累计收益率已经达到33.95%，超过了27.5%的当月止盈线，所以我们将手中持有的所有份额7.41（因为最新一期购入份额不在赎回范围，所以取上一期累计

份额 7.41）进行赎回，单位净值为 4020.266 元（即当日的指数点位），最终赎回的金额为：7.41×4020.266＝29790.17 元。

止盈后，我们的定投扣款继续。那么接下来的定投相当于是从 2009 年 8 月 3 日重新开始计算收益率，流水如下：

表3-3

扣款期数	定投日期	单位净值（元）	定投金额（元）	购得份额（份）	累计份额（份）	累计收益率（%）	止盈收益率（%）
16	2010-11-03	5098.539	1000	0.2	3.76	19.88	18.75
15	2010-10-08	4767.967	1000	0.21	3.57	13.34	17.5
14	2010-09-03	4662.960	1000	0.21	3.36	11.78	16.25
13	2010-08-03	4193.641	1000	0.24	3.14	1.34	15
12	2010-07-05	3563.882	1000	0.28	2.9	−13.78	
11	2010-06-03	4053.985	1000	0.25	2.62	−3.35	
10	2010-05-04	4434.131	1000	0.23	2.38	5.35	
9	2010-04-06	4852.904	1000	0.21	2.15	15.95	
8	2010-03-03	4758.434	1000	0.21	1.94	15.64	
7	2010-02-03	4363.079	1000	0.23	1.73	8.09	
6	2010-01-04	4510.527	1000	0.22	1.5	13.13	
5	2009-12-03	4621.941	1000	0.22	1.28	18.62	
4	2009-11-03	4053.212	1000	0.25	1.07	8.1	
3	2009-10-09	3576.444	1000	0.28	0.82	−2.23	
2	2009-09-03	3427.442	1000	0.29	0.54	−7.37	
1	2009-08-03	4020.266	1000	0.25	0.25	0	

从表 3-3 中可以看到，到 2010 年 11 月 3 日，账户累计收益率达到 19.88%，超过了当月的止盈收益率 18.75%，触发第二次止盈赎回。此时账户累计份额 3.57 份，单位净值 5098.539 元，因此止盈赎回的金额为：3.57×5098.539＝18201.78 元。

第一次和第二次止盈的总金额为：29790.17 + 18201.78 = 47991.95 元。

这个时候肯定有人会问了，止盈赎回的钱怎么办呢？还要不要再定投回去呢？如果要再投回去的话，什么时候投，怎么投呢？

这里就涉及一个很重要的问题：止盈后我们该做什么？

前面其实已经有提到，止盈后我们的定投扣款是不停的，所以止盈赎回和定投扣款相当于是两条互不干扰的线。

- 止盈后要不要暂停定投扣款？

我相信肯定有朋友有疑惑了：如果我们在市场上涨的过程做了全额的止盈赎回，接下来的定投扣款如果还继续，岂不是全部都买在了高点？所以我们是不是应该在止盈之后暂缓扣款，等到市场跌下来再继续扣款呢？

我历来强调的观点是定投扣款一定要长期持续，不要停下来。不管市场涨或跌，我们的定投扣款都不要停。

虽然按照历史经验来看，如果我们的定投年化收益达到了 10% 或者 15% 左右的时候（尤其是定投延续的时间越长，积累的实际收益率越高的时候），确实短期市场是有可能临近市场的短期高点，但是谁都没有办法肯定地说市场接下来还会不会继续往上涨。

就好像 2007 年中国前所未有的大牛市中，上证指数一路飙到了 6124 点，2015 年上证指数也就仅仅用了半年时间就从 3000 点直接飙到了 5000

点。如果在这样的上涨过程中我们止盈之后暂缓了扣款，最后看着连续上涨的市场，大家可以想象自己的感受是怎样的。

从人性的角度来说，如果我们做了定投暂停扣款的动作，最后大概率定投会就此终止。

因为停扣之后，若是短期市场上涨，我们不会追入，想等市场从高位下跌后再继续；而当市场继续长期上涨时，我们就会从一开始平静等待市场回调的心态，逐渐转变为后期懊恼自己止盈过早而错过了"本该可以拿到的收益"的心态，最后往往会在市场上涨的末期将手中资金一次性大笔投入，变成追涨。而如果停扣之后市场下跌，大部分人又会有"想等更低点再入市"的想法，结果就陷入了择时的恶性循环。最终不管后续市场是上涨还是下跌，定投扣款只要一停，往往定投计划再继续下去的可能性就已经不大了。

所以我建议大家永远都不要自己主观判断市场的短期走势，对于大部分朋友来说，我们需要做的事情就是在长期趋势向好的市场中，不管行情短期是往上还是往下，都保证自己一直都留在这个市场里参与投资，我们一定是随时都有资金是在市场中的，也就是永远不要空仓——说到这里，估计又有人要出来抬杠了：投资高手们都说要"敢于空仓"，你这说法是误导投资者。确实，如果大家有足够的投资知识积累并且已经经过了多年市场的实践，掌握了精准判断市场时点的能力，"果断空仓"和"及时满仓"都是投资效率最高的操作方法，这样的专家也根本不需要也不屑于采用定投这种资金使用效率并不高的投资方法。

定投是适合对市场没有那么多研究和了解的朋友们采用的一种性价比

很高的投资方法，对这些朋友而言，择时准确的能力是极难具备的。虽然后面关于进阶定投的章节也会教大家如何去判断市场的高低区间，但对于绝大多数人来说，定投最大的作用就是无须择时。定投最根本的优势就在于当市场上涨的时候，用固定扣款金额买到的贵价份额会变少，而市场下跌的时候，我们买到的低价份额会变多，高处买得少、低处买得多，使得我们的持仓成本低于市场平均成本，这是定投的优势。

所以哪怕在止盈后市场依然一路上涨，我们也可以继续定投，继续收获，再次达到止盈线，然后继续做赎回，扣款再继续……哪怕是遇上单边持续上涨的行情，我们至少一直有钱在市场中不断地分阶段进行投资，分批赚钱赎回。这样的投资方式，相比一次性在市场最低位买进，持有到市场最高位再全部卖出的收益确实会差很远，但我们也在不断收获着自己的小幸运，更重要的是我们在波动市场中的投资心态会更加平和，这才是定投的本质，这才是定投的价值。

当然，如果大家在止盈后继续扣款的过程中发现市场真的开始调整下跌，那就更应开心了。因为这样我们扣款买入的份额会更多，下一轮的持仓成本又可以拉得更低，我们又可以开始期待下一次市场调整完之后的上涨，期待新一轮的微笑曲线，让自己收获满满。

我一直不厌其烦地强调定投最好的地方就在于不用关注短期市场的涨跌，只要简单地执行既定规则，然后静静等待收获就好了。只是等待的时间有长有短，无法提前预计。

因此，做定投的风险在于：
第一，我们是不是能够有效地去坚持；

第二，目标收益的获得需要等待的时长是不确定的。

所以止盈后建议大家不要暂停扣款。

- **止盈赎回的钱怎么处理？**

对于止盈赎回来的资金，我建议大家第一时间放到货币基金中或用这些资金去投资一个风险极低的现金管理工具，如短债、银行短期理财等。

因为以 A 股历史的数据来看，如果定投的收益率出现了 15% 以上的年化收益，往往意味着短期市场很有可能进入了一种超涨的状态，市场大概率在不久的将来就会开始掉头往下。基于这种预期，我们把赎回的资金放到更安全的资产里面，保证这些钱暂时不投入股票市场，避免遭受后面可能出现的市场下跌而带来的损失。

那么这些钱以后还要再投入权益市场吗？答案是肯定的，否则后续市场再次上涨的时候，我们岂不是又踏空了行情？

止盈赎回的资金有两种方式再次进行投资。

市场有涨就一定有跌，我们可以给自己设置一条补仓线。

止盈后我们的定投扣款继续，定投账户的收益率需要从下一期扣款开始重新计算（这里提醒一下大家，很多渠道都会把过往所有的投资记录都纳入收益率的统计，因此当我们做完止盈后，账户显示的收益率不会归零，这个时候需要我们终止掉当前的定投计划，并重新开启一个完全一样的新的定投计划，才会从头开始计算定投收益率）。当我们发现自己定投的收益率达到-20%的时候，可以把前面止盈赎回来的资金，一次性或者分批投入这只定投的产品中去，比如每跌5%就把赎回部分的30%投进去补仓。这其实就相当于我们在低位进行了一次或多次补仓，而在前面的止盈其实就是在市场高位进行的一次减仓或清仓，这样可以有效增厚我们定投的收益。

但这样做也会有一个问题，那就是如果遇上市场一路往上的大牛市，就很有可能错过后续的投资机会，因为这个时候我们的账户中只有重新定投扣款的份额在继续参与投资，止盈赎回的资金相当于变成了无效资金。

对于止盈赎回的部分还有更积极的处理方法，那就是我们把止盈赎回来的资金先放到货币基金或其他现金管理工具里面，接着把这些资金再分成相应的等份，加码到我们后续的每一期定投扣款中去。举个例子：如果在止盈之前我们的定投每期扣款是1000元钱，那么止盈之后，我们可以把每期扣款的金额增加到2000元钱，甚至增加到3000元钱。

有朋友可能会问：如果市场一路往上走，那我为什么要做止盈呢？一直拿着不就好了吗？大家发现没有，我们又绕回前面讲过的问题了。

如果我们能预测接下来市场会一路往上走的话，那何必还要做定投呢？大家不如在最低的位置一次性把所有的资金都投入市场啊！不正是因为我们绝大多数人并不具备择时的能力，才选择定投这种基金投资方式的吗？定投帮我们解决的就是择时问题，我们没有办法去判断短期市场到底是会往上走还是往下走，定投是帮我们去降低短期市场波动风险的工具，让我们无须对短期市场做主观的判断。

所以，如果大家觉得市场就是很强势，觉得市场就是大牛市，一定会持续上涨，那么，我建议考虑选择前文说的第二种方式：先把手中所持有的份额全部赎回，然后增加后续每期的定投扣款金额，万一市场最后不能如期上涨，也已经有部分落袋的收益了。

如果大家对未来市场并没有所谓一定持续上涨的信心，或者像我一样相信市场短期之内是处于超涨的状态，那么就把止盈赎回的资金先投入低风险的理财中，等待补仓线的出现再进行一次性或分批补仓。

我们继续进行对中证500指数基金的定投测算。在两次止盈后，扣款继续，并设定－20%为补仓线。在第二次止盈后，我们迎来了补仓的机会，定投流水如下：

表3-4

扣款期数	定投日期	单位净值（元）	定投金额（元）	购得份额（份）	累计份额（份）	累计收益率（%）	止盈收益率（%）
15	2012-01-04	3192.234	1000	0.31	3.36	-28.44	17.5
14	2011-12-01	3897.019	1000	0.26	3.05	-15.12	16.25
13	2011-11-01	3999.831	1000	0.25	2.79	-14.07	15
12	2011-10-10	3832.577	1000	0.26	2.54	-18.79	
11	2011-09-01	4395.069	1000	0.23	2.28	-8.83	
10	2011-08-01	4644.462	1000	0.22	2.05	-4.59	
9	2011-07-01	4604.746	1000	0.22	1.84	-5.91	
8	2011-06-01	4490.892	1000	0.22	1.62	-8.96	
7	2011-05-03	4920.570	1000	0.20	1.40	-1.65	
6	2011-04-01	5065.076	1000	0.20	1.20	0.96	
5	2011-03-01	5122.441	1000	0.20	1.00	2.29	
4	2011-02-01	4630.580	1000	0.22	0.80	-7.01	
3	2011-01-04	5011.498	1000	0.20	0.59	-1.89	

续表

扣款期数	定投日期	单位净值（元）	定投金额（元）	购得份额（份）	累计份额（份）	累计收益率(%)	止盈收益率(%)
2	2010-12-01	5116.837	1000	0.19	0.39	−0.80	
1	2010-11-03	5098.539	1000	0.20	0.20	0.00	

从表 3-4 中可以看到，在 2012 年 1 月 4 日，账户的累计收益率已经到了 −28.44%，超过了 −20% 的补仓线，我们于是把前面两次止盈的资金进行一次性补仓。当期的单位净值为 3192.234 元，前两次止盈的资金为 47991.95 元，由于定投扣款需要取整，我们取 48000 元作为补仓金额，最终申购到的份额为：48000/3192.234 = 15.04（份）。

补仓的同时，我们的定投继续（见表 3-5），这一次要一直扣款到 2015 年 4 月份才达到设定的止盈线。

表3-5

扣款期数	定投日期	单位净值（元）	定投金额（元）	购得份额（份）	累计份额（份）	累计收益率(%)	止盈收益率(%)
54	2015-04-01	7425.733	1000	0.13	13.52	85.86	66.25
53	2015-03-02	6139.792	1000	0.16	13.38	55.02	65
52	2015-02-02	5609.389	1000	0.18	13.22	42.59	63.75
51	2015-01-05	5417.017	1000	0.18	13.04	38.51	62.5
50	2014-12-01	5208.139	1000	0.19	12.86	33.91	61.25
49	2014-11-03	5028.698	1000	0.20	12.66	29.96	60
48	2014-10-08	4993.531	1000	0.20	12.46	29.67	58.75
47	2014-09-01	4507.442	1000	0.22	12.26	17.62	57.5
46	2014-08-01	4210.219	1000	0.24	12.04	10.22	56.25
45	2014-07-01	3951.726	1000	0.25	11.81	3.67	55
44	2014-06-03	3822.716	1000	0.26	11.55	0.36	53.75
43	2014-05-05	3798.288	1000	0.26	11.29	−0.27	52.5

续表

扣款期数	定投日期	单位净值（元）	定投金额（元）	购得份额（份）	累计份额（份）	累计收益率(%)	止盈收益率(%)
42	2014-04-01	3899.488	1000	0.26	11.03	2.38	51.25
41	2014-03-03	4058.799	1000	0.25	10.77	6.63	50
40	2014-02-07	3957.671	1000	0.25	10.52	4.13	48.75
39	2014-01-02	3847.879	1000	0.26	10.27	1.34	47.5
38	2013-12-02	3770.865	1000	0.27	10.01	-0.65	46.25
37	2013-11-01	3702.445	1000	0.27	9.75	-2.47	45
36	2013-10-08	3938.068	1000	0.25	9.48	3.66	43.75
35	2013-09-02	3689.959	1000	0.27	9.22	-2.77	42.5
34	2013-08-01	3521.152	1000	0.28	8.95	-7.29	41.25
33	2013-07-01	3304.591	1000	0.30	8.67	-13.20	40
32	2013-06-03	3814.510	1000	0.26	8.36	-0.29	38.75
31	2013-05-02	3383.398	1000	0.30	8.10	-11.56	37.5
30	2013-04-01	3470.960	1000	0.29	7.81	-9.67	36.25
29	2013-03-01	3648.422	1000	0.27	7.52	-5.40	35
28	2013-02-01	3507.709	1000	0.29	7.25	-9.24	33.75
27	2013-01-04	3258.251	1000	0.31	6.96	-16.01	32.5
26	2012-12-03	2749.134	1000	0.36	6.65	-29.65	31.25
25	2012-11-01	3228.190	1000	0.31	6.29	-18.79	30
24	2012-10-08	3183.365	1000	0.31	5.98	-20.69	28.75
23	2012-09-03	3200.306	1000	0.31	5.67	-21.17	27.5
22	2012-08-01	3216.184	1000	0.31	5.35	-21.75	26.25
21	2012-07-02	3509.503	1000	0.28	5.04	-15.74	25
20	2012-06-01	3744.437	1000	0.27	4.76	-10.94	23.75
19	2012-05-02	3718.259	1000	0.27	4.49	-12.13	22.5
18	2012-04-05	3531.549	1000	0.28	4.22	-17.18	21.25
17	2012-03-01	3715.673	1000	0.27	3.94	-13.93	20
16	2012-02-01	3266.234	1000	0.31	3.67	-25.11	18.75
15	2012-01-04	3192.234	1000	0.31	3.36	-28.44	17.5

续表

扣款期数	定投日期	单位净值（元）	定投金额（元）	购得份额（份）	累计份额（份）	累计收益率（%）	止盈收益率（%）
14	2011-12-01	3897.019	1000	0.26	3.05	-15.12	16.25
13	2011-11-01	3999.831	1000	0.25	2.79	-14.07	15
12	2011-10-10	3832.577	1000	0.26	2.54	-18.79	
11	2011-09-01	4395.069	1000	0.23	2.28	-8.83	
10	2011-08-01	4644.462	1000	0.22	2.05	-4.59	
9	2011-07-01	4604.746	1000	0.22	1.84	-5.91	
8	2011-06-01	4490.892	1000	0.22	1.62	-8.96	
7	2011-05-03	4920.570	1000	0.20	1.40	-1.65	
6	2011-04-01	5065.076	1000	0.20	1.20	0.96	
5	2011-03-01	5122.441	1000	0.20	1.00	2.29	
4	2011-02-01	4630.580	1000	0.22	0.80	-7.01	
3	2011-01-04	5011.498	1000	0.20	0.59	-1.89	
2	2010-12-01	5116.837	1000	0.19	0.39	-0.80	
1	2010-11-03	5098.539	1000	0.20	0.20	0.00	

到 2015 年 4 月 1 日，定投账户的总收益率达到 85.86%，超过当月的止盈线 66.25%，止盈赎回。此时定投账户中累计的份额为 13.38 份（4 月 1 日扣款申购的份额不赎回），加上在 2012 年 1 月 4 日一次性补仓申购的 15.04 份，总共赎回 28.42 份，此时的单位净值为 7425.733 元，因此止盈赎回的金额为：7425.733×28.42 = 211039.33（元）。

如果我们按照不止盈的方式在同时段来进行持续定投，结果如下：

表3-6

方式	总期数	总投入	总资产（元）	总收益	总收益率
不止盈	91	91,000.00	188,367.26	97,367.26	107%

从表 3-6 中可以看到，不止盈定投的总资产为 188367.26 元，总收益率为 107%；而止盈定投的总资产为 211039.33 元，总收益率为 131.91%，提升了 24.91%。

由数据对比可知，达到止盈线后进行全额赎回并适时补仓的定投效果比不止盈的持续定投效果好很多。

● 微笑曲线的"大小之分"

其实止盈的时间和止盈线的设置对于每个人来说可能都会略有差别，因为止盈是为了落袋为安。止盈的设置是以"达到目标收益率"为基本前提的，每个人的风险承受能力不一样，最终的目标收益率肯定也不尽相同。当然每个人都是期待能有"最大收益"的，但现实中随着国民经济的发展，市场的波动率和预期收益率都在持续地发生变化，想要直接复制过往的经验也并不可取。我们可以再延长前面中证 500 指数基金不止盈定投的时间，也就是从 2007 年 10 月一直持续定投到 2022 年 12 月 31 日，我们会得到下面的数据（表 3-7）：

表3-7

方式	总期数	总投入	总资产（元）	总收益	总收益率
定投	183	183,000	234,182.65	51,182.65	27.97%
单笔投资	1	183,000	210,902.47	27,902.47	15.25%

和不止盈定投到 2015 年 4 月 1 日相比，扣款多了 92 期，时间延长了近 1 倍，但最终的总收益从 97367.26 元变成了 51182.65 元，总收益从 107% 下降到了 27.97%。

可见 2007—2015 年这 8 年间，定投中证 500 的收益是非常可观的，而 2015—2022 年的收益率是明显降低了的。原因在于图 3-3：

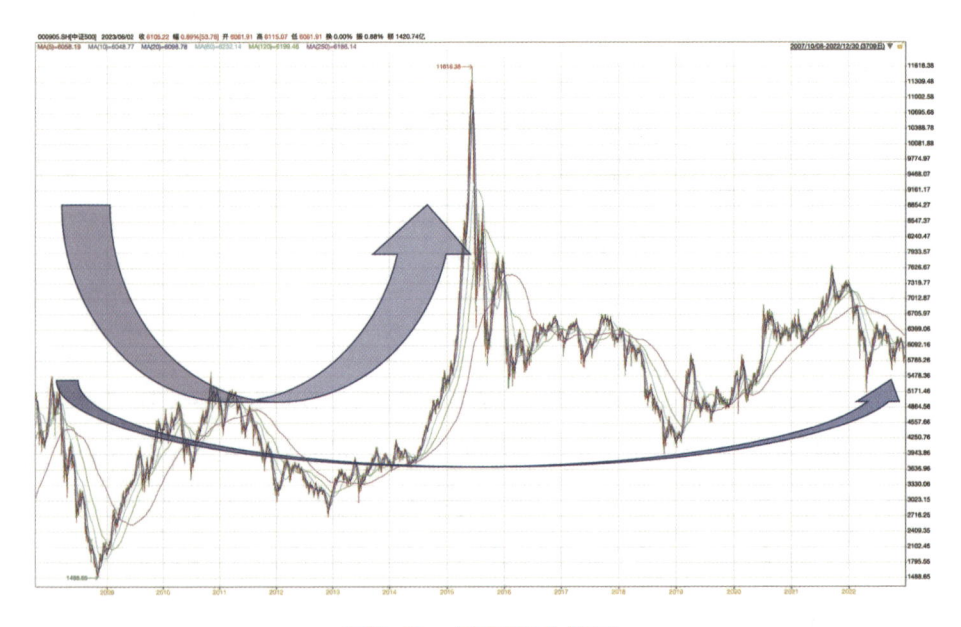

图3-3　中证500走势图

从中证 500 日线图中我们可以看到，2007—2015 年是一个尾部涨幅巨大的微笑曲线，对于定投来说这是最理想的市场形态；而 2007—2022 年，就变成了时间更长而且形态"更扁平"的微笑曲线，对于定投来说最终的效果就平淡了很多。

而如果我们在中间做了止盈，那么这个图就可以改成下面这样：

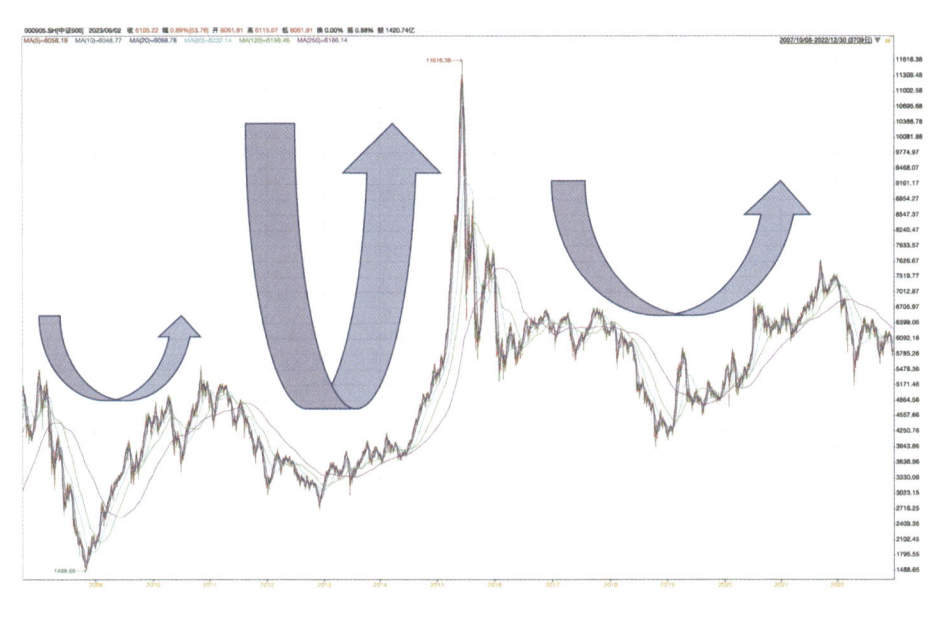

图3-4

如图3-4，我们在这个过程中有更多的微笑曲线段来进行止盈。中证500指数在2008年10月最低位跌到不足1500点，而2011年10月涨到了5500点以上，2012年12月又跌回2700多点，再用了两年时间飙升到11600点以上，2018年又跌回4000点上下，但两年后又回到了7600点以上。

从上面的历史数据我们可以看到，A股所表现出来的就是波动频繁且剧烈的整体走势。在这样的市场中我们做定投，就算大市不一定有非常好的行情，我们的定投也有可能在短时间内就积累出比较可观的收益。所以通过止盈，不断地把一个个小周期中的收益落袋为安，然后再继续按照之前的扣款节奏往市场里投入资金，这样既可以保证我们一直都在市场里面没有离开，同时又可以在波动频繁的市场中不断地增加自己的安全系数。

微笑曲线有大小之分，这些小周期也是定投的微笑曲线。选择更低的止盈线，最终会有更多的止盈机会，这就是小微笑曲线。选择更高的止盈线，止盈的机会就少，本金参与投资的时间更长，这就是大微笑曲线。

我用大家更加熟悉的上证综指来举例（见图3-5）。

如果我们从2007年的6124点开始定投，市场一路下跌到1664点，接着再反弹，等到2015年股市严重动荡发生之前的5178点赎回，这就走完了一个最大的微笑曲线。这样的定投获利的效果非常好。

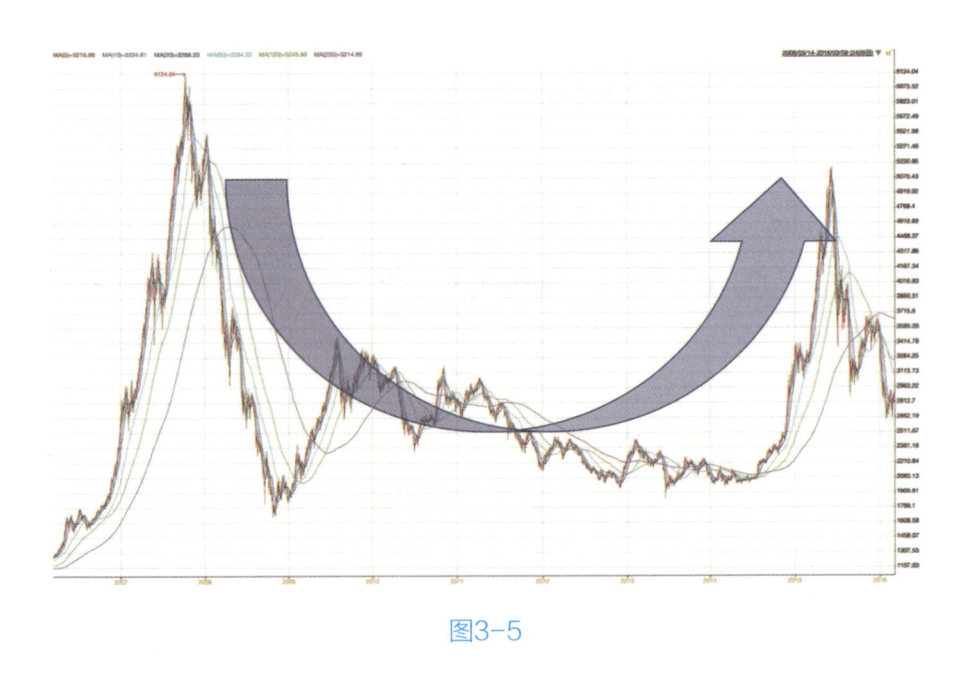

图3-5

但如果从2007年的6000多点开始定投，到2009年3000多点的时候做了止盈，这一段相当于是一个小的微笑曲线。而且从2009年一直到2015年之间，还有很多个这样小的微笑曲线（见图3-6）。

图3-6

如果我们在小的微笑曲线每一次都做了止盈，那就意味着在定投过程中锁定了 N 次收益。不管是选择用大的微笑曲线，还是选择用不断的小的微笑曲线来进行止盈，最后都有不错的效果。

两种选择最大的区别在于我们自己的心理感受和最后我们整体的收益高低。在同等时间长度的定投中，若最终市场整体是向上的，小微笑曲线的收益是比不过大微笑曲线的。

但是从 2007 年到 2015 年要经过整整 8 年，我们才能够完成一个大微笑曲线，而如果选择小的微笑曲线不断地进行止盈，这 8 年中我们就能有多次落袋为安的满足感，这种心理感受会让我们更坚信定投的回报，会让我们的定投更有可能持续下去。

因此选择更低止盈线的"小微笑曲线"虽然没有"大微笑曲线"获得的收益高，却可以让我们的投资心态更平和。我反复强调过：真正决定投资成功与否的从来都不是技术，而是心态。

现在我们是在回头看历史的数据，所以知道 2007 年定投到 2015 年最高点收益会非常好。但是从 2007 年一直到 2014 年整个市场是一路震荡下跌的，尤其是 2010 年到 2014 年，基本上市场是持续阴跌，整整熊了 5 年。在这个过程中，如果我们一直都没有做止盈，绝大部分人的定投都坚持不下去 —— 因为市场实在熊太久，而定投坚持了几年都看不到任何的正收益，这对于普通投资人来说足以摧毁投资信心了，这也是过去这些年很多人不认同定投的一个重要原因。

所以合理设定止盈线是帮我们规避短期巨幅波动导致"曾经赚过很多钱"风险的很好方法，也可以让我们做定投的心态更加平和、更加健康。

定投后选择涨到高点后再一次性赎回和适当地在投资过程中进行止盈，两者在本质上并没有区别。一次性投进去，中间不做止盈，到最后涨上去做赎回在本质上仍然是做止盈，只不过是设定一个更高的收益率作为止盈线（大微笑曲线），还是在一个相对更低的收益率设定止盈线（小微笑曲线）的差别而已。

市场一定是上上下下、不断震荡的。如果做了定投之后不做止盈，就可能手中一度有了很高的浮盈，却因为市场下跌又给亏回去，结果很长时间后，市场已经涨跌了几轮，很好的获利机会都白白地错过了，最终也没赚到钱。所以我建议大家做止盈，是结合了 A 股过去几十年的现实状况给大家提供的建议。不管是做一次性投资还是做定投，我们都需要给自己设定一个可量化的、可衡量的、明确的止盈线。只要达到了止盈线，我们就应该做赎回。只有这样，我们才能够保持一种良好的投资心态和有纪律性的投资方式，才能够真正地获得想要的回报。

● 补仓的资金要和原定投混合进行收益率计算吗？

在前面中证 500 指数基金定投的测算中，大家会发现我把一次性补仓的份额和定投积累的份额同时赎回了，但是并没有去额外计算补仓资金的收益率。

过去很多人咨询我：定投止盈后的资金到补仓线后进行一次性补仓，这笔投资的收益率应该和定投扣款混合到一起计算收益率并判断是否需要止盈吗？

我的观点是：无须计算这一笔额外补仓资金的收益率，我们只需要继续观察原有的定投计划是否达到止盈收益率，若达到就将补仓的份额和定投的份额同时进行赎回。

因为我们补仓的时点本来就是定投账户收益率达到一个阶段性低点的时间，这个时候的一次性补仓可以视为一次"低位择时投资"。虽然我在前面一直强调对于普通人来说择时是一件不靠谱的事，但是规律的定投扣款本身就是一个观察市场的有效指标。

因为我们是固定在每个月或每周进行对同一只基金的定投扣款，所以我们的账户收益率就客观反映了市场的现状。当我们的定投收益率到达止盈线时，说明市场大概率处于短期超涨的状态，真实的投资风险变得很高，所以我们要进行止盈赎回——从本质上来说，这就是通过执行投资纪律来进行的一次择时。而定投账户收益率达到-20%或更低的补仓线时，说明市场此时已经从前期的高点往下跌超过了一定的幅度，真实投资风险已经大幅降低，投资标的的价格下降使得投资性价比上升，这个时候的补仓本质上也是一种通过执行投资纪律的择时。

所以我们要把持续扣款的定投账户收益率当成一个市场涨跌的观察指标，根据这个指标的变化来对市场进行简易的择时：在相对的高位赎回，在相对的低位补仓。

基于这个逻辑，我们不用去关注一次性补仓所申购的份额的价格和收益率的变化情况，依然用原来定投计划的账户收益率来判定是否达到止盈线。原定投触达了止盈线就意味着短期市场到了一个相对高位，我们就把持有的所有基金份额都做止盈赎回，包括定投的和补仓的。

这里特别要强调一点，如果我们是在做基金定投的同一个销售渠道来进行一次性补仓，那么系统会把补仓所获得的份额和原定投账户的份额混在一起，来计算持有份额的平均成本并显示收益率，这就会使得我们补仓之后的份额成本短时间内出现大幅降低，且原定投计划的账户收益率无法再作为持续评价市场高低的客观指标。

所以，如果朋友们打算进行定投的补仓（不管是一次性还是分批），我建议在原定投渠道以外的其他渠道进行，不要影响原定投方案的账户收益率呈现。

Chapter 3
定投的钝化效应

什么叫作定投的钝化效应呢?

再回顾下定投的定义:定投是在固定的时间,用固定的金额去投资固定的基金。

定投让我们在基金净值高的时候买到的份额更少,在基金净值低的时候买到的份额更多,于是在不断震荡的市场中,我们基金账户中持有份额的平均成本可以低于市场的平均成本,而且市场越往下跌,我们的成本就会越低。

我们用一个简单的数据演示来说明什么是钝化效应。

假设我们现在持有基金份额 10000 份,份额平均成本为 1.50 元,也就意味着定投已经扣款了 15000 元。接下来我们新一期的定投扣款 1000 元,基金单位净值 1.00 元,假设申购费率为 0,这个时候我们可以新获得基金份额 1000 份。

此时，我们基金账户中持有的份额为：10000＋1000＝11000（份）。持有的份额平均成本为：（15000＋1000）÷11000＝1.4545（元）。也就是说，新一期的扣款将我们持有的份额平均成本从1.50元降到了1.4545元，降幅3.03%。

如果保持上面案例的其他条件不变，只是把我们一开始持有的基金份额变为100000份，已定投金额为150000元。那么新一期的扣款之后，我们基金账户中持有的份额为：101000份。持有的份额平均成本为：（150000＋1000）÷101000＝1.4950（元）。降幅为0.33%。

可以看到，虽然新一期扣款的金额和基金单位净值都是一样的，并且已持有的基金份额平均成本也是一样的，但因为持有的份额数量更大，所以第二种情形下持仓份额平均成本下降的比例大幅变低了。

我们再换成基金净值上涨的例子来测算一下。

假设我们现在持有基金份额10000份，份额平均成本为1.50元，定投已经扣款了15000元。接下来我们新一期的定投扣款1000元，基金单位净值2.00元，假设申购费率为0，这个时候我们可以新获得基金份额500份。

此时，我们基金账户中持有的份额为：10000＋500＝10500（份）。账户价值为：（10500×2）＝21000（元）。持有的份额平均成本为：（15000＋1000）÷10500＝1.5238（元）。也就是说，新一期的扣款将我们持有的份额平均成本从1.50元上升到1.5238元，升幅为1.59%。

如果把我们一开始持有的基金份额变为100000份，已定投金额变为 150000 元。那么新一期的扣款之后，我们基金账户中持有的份额为：100000 ＋ 500 ＝ 100500（份）。持有的份额平均成本为：(150000 ＋ 1000)÷100500 ＝ 1.5025（元）。升幅为 0.017%。

所谓定投钝化效应就是：随着我们定投扣款的不断增加，当时间越来越长，每期定投扣款的金额所能申购到的基金份额数量占我们持仓的总份额的比重会变得越来越低，定投持仓份额平均成本在每次扣款后的变动幅度会随着定投时间的增加变得越来越小，最终持仓份额的平均成本会趋向于一个稳定值。

这里想提醒大家一点，也算是一个认知上的常见盲区：讨论如何解决定投钝化效应问题，是针对分批扣款降低我们持仓份额平均成本的效果而言的，而只有基金净值下跌，才有可能降低持仓的平均成本。因此，在下跌的市场状态中讨论处理钝化效应才是有意义的，在上涨的市场环境中，定投每一次扣款都会提高持仓份额的平均成本，钝化效应明显不算一件坏事。

我们必须要清楚：定投钝化现象是客观存在的，定投持续的时间越长，积累的持仓份额越多，钝化的效果就越明显。由于定投钝化最终会使我们持仓份额的成本趋于稳定，所以在指数基金的定投中，钝化效应最终会使长期定投的收益率基本上等同于指数本身的收益率。所以只要指数的长期趋势是向上的，哪怕有钝化效应，定投还是能赚钱的。

而对于主动管理型基金而言，因为主动管理型基金在产品投资的目标设定上就是超额收益，所以基金净值理论上是应该一直上涨的，所以最佳的投资模式应该是一次性投资。选用定投的方式进行主动管理型基金投资，后期扣款所申购到的份额单位净值是越来越高的，本来就不存在明显拉低平均持仓成本的效果，所以去讨论钝化效应也没有什么太大的意义。

那有没有什么办法来解决钝化的问题呢？

从理论上来说确实是有方法的。因为钝化形成的原因是持有的本金相对于后续每期扣款金额来说金额太大，所以要解决这个问题，就是想办法让后期扣款金额相对持仓基金的比重变大就好。

第一个方法就非常简单——增加后面每期的扣款金额就好了。

如果我们每期定投扣款的金额随着时间慢慢增加，保证每期扣款的金额和本金的比例保持恒定不变，那么钝化就不会出现了。

但是这种做法其实并不现实，因为在我国，从 A 股市场的历史来看，是一个牛短熊长的市场，这也就意味着定投很有可能在 5 年甚至于 6 年时间之内都没有办法盈利，或者说没有办法达到我们理想的收益。在这种情况之下，想要长期保持和总本金恒定比例不变，定投扣款金额必然会变得越来越大——当然如果我们的收入也可以随时间而不断增加，那自然没有什么问题——但现实中这种做法存在着非常大的执行难度，因为不断增加的扣款金额不是每个人都能够负担的，很有可能在市场还没有走完微笑曲线左侧的时候，投资人就已经流动性枯竭了。

所以我更建议在维持正常定投扣款的同时，当市场下跌超过一定幅度的时候（比如 20%），我们进行一笔大额的手动加仓来降低持仓成本，这种做法会更有实操价值一些。

第二种方法就是在定投中加入估值分位的进阶定投法。

在本书后面的定投进阶方法中我会和大家介绍结合指数估值的数据，在市场估值"便宜"的时候，定投更多的资金去申购更多的低价份额，而在市场估值"贵"的时候，减少我们的扣款金额，进一步减少买入高价份额的数量。

这样能够实现的效果就是在市场低位的时段比正常时段买得更多，而在市场高位的时段比正常时段买得更少，这种操作也可以在一定程度上延缓钝化效应。

大家看到我的用词是"延缓"，这就意味着钝化效应是没有办法消除的。其实大家可以换个角度去想——任何东西都是有成本的，定投的基金也是一样，它不可能把成本无限制地往下降。所以当我们经过了长期的定投，发现持仓的份额平均成本已经不怎么往下降的时候，我们不妨认为这个时候自己拿到的已经是这只基金在市场上的最低平均成本。而且当我们持仓的份额平均成本不再有明显变化，当钝化出现的时候，市场应该说已经到了最差的时候，看见曙光迎接胜利也不会太久了。

延缓钝化效应的第三种方法是止盈。

我一直反复强调定投要懂得做止盈，不去主动判断市场，只要达到了止盈线就赎回。而在前面的章节中我讲过两个概念：大微笑曲线和小微笑曲线。我们做定投可以去等待跨越 5～10 年的大微笑曲线，也可以不断地选择 1～2 年的小微笑曲线。

其实止盈就是把我们很长一段时间的定投变成了很多时间相对而言比较短的多次定投过程。止盈要做全额赎回，扣款不要停。所以在每次做完全额赎回之后，前一段的定投在实质上就已经被终结掉了，而持续不断地扣款，又相当于马上开始了一个新的定投。每一次的止盈就相当于终结掉一个小的微笑曲线，重新开启下一个微笑曲线的周期。

不断地进行止盈，实际上就是把我们每一段的定投周期都变得更短一些。而定投时间周期越短，钝化的效应就越弱——因为每期扣款的金额和持有本金的比例差不至于过大。

总结一下：随着定投时间的不断延长，钝化效应是没有办法避免的，当我们面对钝化的时候，保持平常心就好。

我们要相信我们手中所持有基金的份额平均成本是不可能无限制往下降的。当达到一个不怎么变动的稳定单位成本之后，其实我们的持仓平均成本已经是大幅低于同时段市场平均成本了，未来只要市场上涨，我们就可以获得满意的投资收益。

如果我们要尝试延缓钝化的负面效应，那么可以通过及时做好止盈和根据估值来调整扣款金额的进阶定投方法来实现。

总之，只要我们选对了产品，长期坚持定投，就算有钝化效应出现，定投依然是一个大概率能够帮我们获得合理收益的简单投资方式。

Chapter 3

普通定投和进阶定投

我一直不厌其烦地给大家传递一种观念：定投是一种非常适合小白和入门投资者的投资方式。因为它非常简单，所以能够被长久地坚持。在定投的时候，直接用最简单的定期定额方式来做就好了。

但人总是希望能有获得更高投资收益的方法，所以有很多人向我提出关于定投进阶的问题：通过定时不定额的方法、主动观察估值高低来手动调整定投的扣款金额的方法、价值平均策略等方法是否能获得更好的定投效果呢？

其实大家之所以会问到这些，也是因为现在网络上有很多人都在宣传不同的进阶版定投方法。这些方法其实都是有效的，从理论上来说确实都可以让我们在市场低位获得比普通定投更多的低价份额，而在市场高位投入的金额会更少，并且通过不断地增强操作性来更好地降低我们定投持仓的平均份额成本，进而有可能获得更好的投资收益。所以这些方法其实都是可取的，也都是可用的。

但是为什么我在更多的时间会不断建议说,作为普通的投资者,大家进行普通的定投就好了呢?

我想打个非常简单的比方来进行说明。每个人每天都需要吃饭。作为普通人,我们要吃早餐、午餐跟晚餐,三餐吃饱,没有烦恼。如果生活得更精致一点,就肯定听到过一句话:早餐一定要吃得好,午餐一定要吃得饱,晚餐一定要吃得少,这样才会比较健康。于是我们会发现,在吃饱饭的基础之上,我们对于每一餐该怎么吃有了一个模糊的更高要求。但是早餐吃什么才叫好?午餐怎样才叫饱到刚刚好?而晚餐又如何才能少而营养呢?这又是一个值得进一步深入研究的课题。

于是我们发现随着居民收入水平的提升、生活质量的提高,在线上和线下,各种营养、运动课堂里就有了针对每顿饭的荤素搭配表和每种食物的营养成分表——早餐、午餐和晚餐,应该分别摄入多少卡路里才合适,其中蛋白质要有多少、摄入的脂肪应该控制在多少克之内、不同维生素的摄入量应该是多少……非常详细,细节满满。并且我们会发现不同的机构所制作的饮食推荐表是有差别的,因为不同的机构有不同的思路与取向,所以最终给出的建议是存在差异的。

于是我们为了"吃好"每天的三顿饭,就还要去学习每顿饭该如何搭配食材,而为了知道食材应该如何搭配,我们又需要去了解每一种食材中所含营养成分的占比情况……所以如果严格按照理论上最健康的饮食方案,我们在准备每一顿饭之前,都要拿出天平把每一种原材料精确地称量,再进行烹饪,并且每一顿饭还要根据自己当时的身体状况进行实时调整——做饭和吃饭俨然成为一个重大而严谨的科学项目。

要去学习这么多食品原材料营养成分的构成本来就是一件特别专业的事情，对于普通人来讲应该可以算是一种痛苦了。所以，在这个时候追求极致健康生活状态的朋友们大有可能会去找一位专业的营养专家，这个专家能够根据每天不同人生活的实际状况和身体状态出具每一顿饭的具体食谱。如果可能的话，这个营养专家最好还能帮我们直接把这些食材加工为成品，这个时候我们唯一要做的，就是把这些成品吃下去，这样就能达到最佳的营养摄入状态。

那么问题来了：有多少朋友会专门去请一个专业的营养学专家来帮我们做饭呢？当然，我看到那些有能力请营养专家帮忙做饭的人，内心还是非常羡慕的。

我也尝试过按照各个健身 App 中所推荐的饮食计划去安排自己的一日三餐，但基本上坚持不了一周，因为我真的没办法找到和食谱中一模一样的食材，也没办法随身带着量具来确认每种食物的重量……

最后，回归现实吧。像我这种懒人在绝大多数时间都是一日三餐随便吃。当某些时候身体出现了一些不适或发现皮带又要多松一个扣眼的时候，就会提醒自己：早餐一定要按时，午餐吃个八分饱，晚餐能够少吃一点就少吃一点，只要睡觉的时候不饿就好了。之所以会这样，是基于以下几个原因：一、我自己不懂营养学，也没有精力和时间去学习营养知识；二、如果直接上网去找营养食谱，谁知道是不是适合我呢；三、我没有足够的经济实力，可以聘请一位营养专家天天帮我做饭……

和大家说了这么多关于吃饭的事情，一是因为我自己是个"吃货"，二是因为吃饭的这个逻辑就和选择普通定投还是进阶定投是同一个道理。

十多年前，基金定投在国内才刚刚开始推广，那个时候被各个基金销售渠道宣传的定投，只强调长期持续。这个阶段，就好像我们知道一天要吃三顿饭。至于怎么吃、每顿饭该注意些什么，我们一概都不知道。所以定投的效果虽然有，但是可能并不太好。

接着，我们慢慢了解到定投需要运用一些技巧，比如我一直所强调的：我们要做止盈，要知道如何去选择对的基金产品等。按照这种方式来做定投，就好比按照下面的方式来规划我们的一日三餐：早餐要吃得更精致一些，而午餐应该要吃到八分饱，晚餐应该少摄入高热量、高脂肪的食物，这样能够让我们脂肪沉积得更少一些，身体才能变得更健康一些。而这样的定投也能让我们获得比较理想的投资结果。

各种进阶版的定投，其实就是在这个基础之上把我们"定投这顿饭"再进行细化，细化到了营养成分表，细化到了每顿饭里面食材的具体搭配。所以这种方法如果能落实做到的话，最终的效果肯定会更好一些，但是我们所要付出的时间和精力也大大地增加了。以经济学的说法来讲，这个时候我们为定投所多付出的时间精力对最终收益提升的边际效应其实是在大幅下降的。

对于普通投资者而言，我认为不需要去找一个这样的"营养专家"来天天给我们出每顿饭的菜单，因为大部分人是没有足够的时间来进行相关学习和准备的。

如果我们尝试根据市场指数估值高低来进行每期扣款金额的调节，大家就一定会发现，估值数据是每天都在变的，所以是不是每到扣款的时候，我们都想要找一个人去问一问现在的估值到底是偏高还是偏低呢？我该不该调整我的扣款金额呢？若要调整，该调整多大的幅度呢？长此以往，我们就对提供数据的这个人产生了一种依赖感。

如果我们自己具备计算估值数据的专业能力，那么用这样的方法去做定投才是可以持续的。但是如果我们是要依赖别人提供这个数据，那么我们的投资在某种程度上就已经失去了自己的独立性。

定投是一个长期的过程，最简单的就是最能够被长期坚持的。因此我还是推荐普通投资者，尤其是刚开始接触基金投资的小白们采用最简单的定期定额扣款方式。选对产品、定好扣款周期、确认好扣款金额，然后坚持进行长期的扣款，收益率到了止盈线，就果断进行赎回，仅此而已。只要做到了这几个动作，定投就已经能够带来丰厚的收益了，这个收益大概率会超过市场上绝大多数人。

所以，普通版的定投，也就是定期定额扣款模式，非常适合普罗大众来进行长期坚持，便于操作，也有很好的效果。

而进阶版的定投所要投入的时间与精力会更多，而额外多付出的时间与精力，并不一定能显著提升最终的定投收益，甚至有些得不偿失——因为它违背了定投"简单"的特性，简单才容易坚持。

当然，如果有一定专业基础的进阶投资者想要去进行尝试，我觉得也无可厚非。如果大家把自己定位为一个进阶的投资者，觉得自己对于市场已经有了一定的了解，已经具备了自己分析市场的些许能力，已经可以面对市场波动，依然保持平稳心态来坚决执行投资纪律，那么我们就可以进一步聊一聊如何来做进阶版的定投。本书后面讲述的就是进阶版定投的内容。

Chapter 3

估值概念基础

所谓的进阶定投就是希望能够通过一些额外的操作来获得超越普通定投的收益,而这些"额外"的操作,也需要我们付出"额外"的时间和精力。

要想获得比普通定投更好的收益,需要考虑以下问题:在定投扣款的时候是要多扣一点还是少扣一点?止盈线怎么设置才更合理?在做止盈的时候是全额赎回,还是分批赎回?在选定投产品的时候除了指数基金之外,是不是还有一些主动管理型基金可以作为更好的选择?当市场风格切换的时候,是不是要调换定投的产品?

如果想要尝试进行上面的这些操作,我们都离不开一个基本的前提,那就是必须了解和熟悉使用市场的估值数据。

大家如果关注了我的公众号"威尼斯摆渡人的水域",就应该知道我在每周日的 19 点会更新市场上主要指数的估值分位表,如图 3-7 所示。

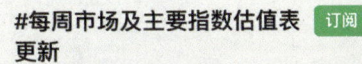

图3-7

我在每周日的文章中所提供的估值表如图3-8所示。

证券代码	证券简称	市盈率 PE(TTM) [单位]倍	市净率 PB(LF) [单位]倍	股息率 (近12个月) [单位]%	近5年PE 估值分位点	相比上周	近5年PB 估值分位点	相比上周	近10年(长期)PE 估值分位点	近3年(短期)PE 估值分位点
主要宽基指数										
000001.SH	上证指数	13.3190	1.3541	2.5696	57.83%	0.58%	29.41%	-0.33%	47.04%	44.44%
000010.SH	上证180	9.6377	1.1589	3.3929	15.07%	-3.05%	18.62%	-3.29%	24.92%	20.03%
000016.SH	上证50	9.6273	1.2616	3.8735	30.48%	0.86%	53.83%	0.70%	39.19%	21.54%
000300.SH	沪深300	11.9779	1.4047	2.7142	34.68%	2.97%	28.91%	2.39%	39.31%	24.42%
000688.SH	科创50	42.9298	4.6836	0.3459	23.27%	5.38%	21.23%	6.17%	23.27%	24.97%
000852.SH	中证1000	30.5660	2.3828	1.0817	29.57%	6.01%	43.49%	3.87%	17.48%	25.38%
000903.SH	中证100	12.9309	1.7427	2.9510	80.40%	0.58%	91.27%	-1.07%	83.22%	67.35%
000905.SH	中证500	23.9321	1.7915	1.7377	52.22%	3.13%	32.29%	6.92%	26.07%	55.01%
000906.SH	中证800	13.3436	1.4697	2.4892	42.59%	5.44%	30.02%	3.13%	39.31%	31.00%
399001.SZ	深证成指	25.3963	2.6365	1.3733	43.57%	7.00%	39.54%	7.17%	43.50%	14.27%
399005.SZ	中小100	23.3474	3.3524	1.1215	11.86%	2.31%	28.95%	12.73%	5.92%	1.51%
399006.SZ	创业板指	35.2472	4.8399	0.5448	9.14%	1.48%	34.27%	5.02%	4.56%	1.23%
399330.SZ	深证100	22.9193	3.1168	1.4080	42.34%	8.24%	45.80%	4.61%	54.48%	10.01%
881001.WI	万得全A	17.9389	1.6900	1.9235	56.51%	5.60%	40.65%	4.32%	47.29%	34.29%
HSI.HI	恒生指数	10.0563	1.0030	4.6307	40.29%	6.90%	26.69%	3.29%	50.81%	34.19%
行业及主题策略指数										
000922.CSI	中证红利	5.5940	0.6543	6.3041	11.45%	-0.99%	9.23%	0.82%	5.72%	19.07%
000932.SH	中证消费	38.8667	6.5307	1.7272	61.29%	3.46%	38.30%	3.79%	80.51%	35.53%
000933.SH	中证医药	28.6818	3.9932	0.9983	17.71%	0.49%	31.30%	0.16%	9.13%	12.76%
399324.SZ	深证红利	19.1546	2.0397	3.0911	88.06%	5.19%	23.56%	3.67%	90.42%	80.11%
000823.SH	中证800有色	14.4294	2.5831	1.1288	5.60%	2.88%	57.00%	4.61%	3.10%	9.33%
000827.SH	中证环保	21.8858	3.1206	0.9778	18.29%	1.57%	54.86%	-0.08%	9.13%	0.55%
399417.SZ	新能源车	25.8429	4.5606	0.3692	31.88%	0.91%	65.07%	0.74%	27.40%	0.55%
399967.SZ	中证军工	56.5179	3.2837	0.4908	30.56%	0.49%	54.86%	1.48%	18.32%	32.51%
399971.SZ	中证传媒	42.3661	2.3848	1.7421	70.26%	2.88%	31.63%	10.05%	53.76%	63.92%
399975.SZ	证券公司	19.8072	1.3298	2.0914	32.87%	1.81%	22.32%	1.07%	29.53%	42.66%
399986.SZ	中证银行	4.6342	0.5462	5.6159	11.70%	-0.66%	9.39%	-1.32%	9.28%	19.48%
399989.SZ	中证医疗	24.0205	5.4286	0.8747	1.32%	0.74%	17.79%	2.80%	0.78%	2.19%
399997.SZ	中证白酒	35.6328	9.6209	1.8555	51.15%	2.80%	57.99%	2.64%	68.61%	18.66%
399998.SZ	中证煤炭	6.4596	1.3645	6.5362	2.47%	1.40%	75.62%	0.74%	1.52%	4.12%
930606.CSI	中证钢铁	22.7895	1.0068	4.4793	96.05%	0.74%	34.47%	-12.07%	82.96%	93.42%
931079.CSI	5G通信	27.9817	3.3673	1.0056	24.84%	13.20%	29.63%	16.40%	24.84%	32.37%
931087.CSI	科技龙头	38.2170	5.3668	0.5458	46.56%	13.57%	38.05%	16.71%	46.56%	51.71%
931775.CSI	中证全指房地产	979.3505	0.8989	2.6908	100.00%	0.49%	3.62%	0.74%	100.00%	100.00%
H30184.CSI	中证全指半导体	49.9751	5.1196	0.2815	31.88%	2.39%	45.06%	4.45%	20.55%	32.24%
HSCEI.HI	恒生中国企业指数	8.7892	0.8904	3.2671	40.13%	8.77%	15.52%	3.01%	64.30%	35.81%
HSTECH.HI	恒生科技	40.3341	2.7283	0.4585	41.55%	-0.78%	26.41%	13.22%	41.55%	41.55%

数据来源:Wind 威尼斯摆渡人 截至:2023-03-24

高估 | 略高 | 正常 | 低估

图3-8 主要指数估值图

相信很多朋友看到这个表格有点蒙,没关系,读完后面的进阶内容,这张表格上的数据就能够为你所用了。

我们来聊一聊估值,以及估值的"高估"和"低估"到底是如何计算出来的。

只要我们做投资,任何一个投资品都有它的内在价值和外在价值。所谓的内在价值，指的是它本身所具有的实际价值。

内在价值一般指的是什么呢？

内在价值（Intrinsic Value），又被称为非使用价值（Non Use Value，NUV），是一家企业在其余下的寿命之中可以产生的现金的折现值。这个定义有点晦涩，我们用通俗点的话语来解释一下。

我们去投资一家公司的股票，它的内在价值可以理解为未来每年的盈利是多少。因为我们投资了这家公司的股票拿着不动的话，未来都可以根据它的经营状况从这个公司获得盈利的分配，所以这就是这家公司股票的内在价值。

如果我们去进行房地产的投资，那房地产投资的内在价值又是什么呢？大家可能立即就意识到了：如果我们买了一个房子做投资，拿着这个房子不动，每年出租这个房子可以带给我们的租金收入就可以理解成这个房子的内在价值。

所以一般来说，所谓的价值投资都是指看中投资标的的内在价值，并且对于它以后长期内在价值增长的回报有充分的信心。愿意长期去持有这一类资产来获得稳定的现金流回报的投资方式就叫作价值投资。所以价值投资是冲着投资标的的内在价值去进行投资的。

而外在价值又是什么呢？

外在价值就是市场价值，是指一项资产在交易市场上的价格，它是买卖双方竞价后产生的双方都能接受的价格。

以股票投资为例，如果我们知道一家公司的盈利向好，或者大家特别看好某家公司未来的发展，那么市场上就会有很多人想要来买这家公司的股票进行投资。由于上市公司所发行在二级市场流通的股票数量在没有增发的情况下是固定的，也就是说如果想买股票的人数增加，那么这只股票在市场上就变成了供不应求，这家公司的股票价格（外在价值）就会上涨，随着情绪的发酵，最后股票的价格会比每股的实际价值（内在价值）更高。

理论上，一个投资标的的外在价值和内在价值应该是相等的。但是因为市场不是完全有效的，所以现实中外在价值和内在价值在很多时候并不是相等的。但是外在价值不管怎么变化，都是围绕着内在价值上下波动的，外在价值是市场根据这个投资标的的内在价值而愿意支付的成本和价格。所以估值的概念就是投资者去评估一个投资标的在某一个时点的外在价值和内在价值的相对位置关系，并据此来指导后续的投资。

那什么叫作低估和高估？

外在（市场）价值高于内在价值，就是高估；
外在（市场）价值低于内在价值，就是低估。

在进行股票投资和基金定投时，我们常用市盈率和市净率等价格指标来对市场和投资标的进行价值评估。

市盈率也就是PE（Price Earnings Ratio），股价（Price）和每股收益（Earn）的比值叫作市盈率，即PE = Price/Earn。

从 PE 公式上看，如果一家公司未来若干年每股收益为一个不变的值，那么 PE 就表示公司保持现有盈利水平的存在年限。

我们举个例子。

如果一家公司每股收益为 1 元，而现在股价为 10 元，那么这只股票现在的市盈率为 10/1 = 10 倍。可以理解为在这家公司每股年收益保持在 1 元不变的情况之下，按现在的股价买入这家公司的股票，10 年之后可以通过股票分红收回我们的投资成本。

从 PE 的计算方式我们可以直观了解到，在每股收益不变的情况下，股价越高，PE 值就越高，股价越低，PE 值就越低；而当股价不变的时候，每股收益越高，PE 值越低，每股收益越低，PE 值越高。所以当我们看到市场或股票的 PE 值变大的时候，必须要去了解到底是分子还是分母的变化起到了主要的作用，而 PE 值更低往往也就意味着此时股票的价格相比其价值更具有投资性价比。

我们平时评价股票和股票指数估值的高低，一般看的就是市盈率的高低。

我们还可以把 PE 估值的定义扩展一下，比如扩展到房地产市场。

评价房地产的估值依据的是房屋租售比的数据，也就是房价和房子每年租金收入之间的比值。比如深圳市截至 2020 年 4 月的住宅售租比数据为 79，也就意味着如果买了深圳的房子靠它的租金来赚钱，年化收益率只有 1.27%，这个收益率可以说相当低了，比银行存款的利率都要低。由此我们可以得出一个结论：深圳的房地产是被高估的。

但是对于股票来说，并不能像房地产这么简单地得出结论，两只股票放在一起，一只的估值数据比较高，另外一只的估值数据比较低，是不是就意味着估值低的股票比估值高的那只股票更具投资价值呢？这个真的未必。

因为影响市盈率和股价的因素，除了上市公司本身的经营盈利状况之外，很重要的一点就是市场对于这家公司以及这家公司所处的行业未来成长的预期。

举个简单的例子，一家新上市的科技创新公司和中国石油这样的传统大型央企相比，未来十年哪一个成长十倍的可能性会大一些呢？肯定是新的科技创新企业更值得大家期待吧？

所以，我们就会发现市场中成长股或者说中小盘股票的 PE 值一般都会大于价值股和大盘股，也就是说，成长股的估值一般都会比价值股的估值更高一些，因为市场对这些公司未来的成长性有更高的预期，所以愿意用更贵的价格来获取未来可能更大的成长收益。

这也是为什么从 PE 绝对数据来排序的话，中证 1000 指数 > 中证 500 指数 > 沪深 300 指数，而创业板指数的 PE 绝对数也会比沪深 300 指数和上证 50 指数更高。

我们可以看一下，在同一个时点，这些主要宽基指数的市盈率数据：

表3-8 主要宽基指数的市盈率

指数	PE
上证50	9.85
沪深300	11.9
中证500	23.4
中证1000	35.3
创业板指	30.8
科创50	43.3

大家可以从表 3-8 中非常直观地发现：**成长、小盘风格指数的平均估值会高于价值、大盘蓝筹风格指数，所以我们并不能简单地根据 PE 的绝对值高低来判断到底哪一只股票或者哪一个指数更值得投资。**

而和 PE 比较类似的指标是市净率 PB（Price to Book Ratio）。

PB 的计算方法是：股价 / 每股净资产（Book Value），即 PB = Price/Book Value。

学过财务的朋友们会知道下面的公式：

净资产＝所有者权益（包括实收资本或者股本、资本公积、盈余公积和未分配利润等）＝资产总额 – 负债总额。

对于上市公司来说，经营业绩越好，其资产增值越快，每股的净资产就越高，股东所拥有的权益也越多。一般情况下，净资产＝所有者权益。

在股票投资中，单纯用 PB 来参考决策是不明智的，一般都需要和净资产收益率（ROE）结合在一起使用。在我们计算某只股票是否值得长期投资时，准确预测公司的盈利趋势是非常重要的，盈利的变动趋势往往决定了股票价格未来是往上走还是往下走。

但是在我们做进阶定投的时候，根据 PB 值的高低变化来分析标的指数估值是一个比较可行的方法。

相比 PE 而言，PB 的波动会更小一些，因为企业的盈利状况在短期内可能会发生很大的变化，但净资产短期大幅变动的可能性是比较小的。另外，当企业盈利为负数的时候，PE 就已经没有意义了，这个时候就只能通过 PB 来进行估值判定。

那估值到底有什么用呢？

PE 和 PB 的数据都是价格指标，所以在使用的时候是直接进行比较的。

估值一方面可以作为投资的参考，比如大家在进行股票投资的时候，可以把自己想要买的那家公司股票的估值和同行业与它类似的公司的股票估值做一个比较，如果它明显超过了行业的平均估值水平，而在业务开拓和业务模式方面又没有特别突出之处，这个时候就建议要谨慎。

估值另一方面的作用在于，我们如果长期跟踪某一个投资标的的历史估值表现，就可以计算出它现在的估值处在什么样的位置，进而给我们的投资提供比较有价值的参考。

大家可能会问：我怎样才能看到这些指数的估值呢？

股票和指数的估值在所有的股票交易软件或者行情资讯软件上都可以呈现。我们在软件上输入股票或者指数的代码之后，一般就可以看到相关的估值数据了。如图3-9（Wind界面）所示，我们打开沪深300指数的行情页面，右侧我标注的位置就是指数即时的市盈率PE和市净率PB。

图3-9

从上面的截图中可以看到，Wind软件界面上显示的是中文"市盈率"，同时右上角有一个角标"TTM"，有些软件上显示为"PE(TTM)"。TTM是什么意思呢？

因为企业的盈利在经营周期中是不断变化的，所以我们看盈利数据的时候都是过往已经实际形成的结果，那么取哪个时间的盈利数据来计算PE的值呢？不同的盈利数据取值方法就形成了不同的PE数据。

TTM 是 Trailing Twelve Months 的缩写，字面意思是"滚动 12 个月"，顾名思义，PE（TTM）指的就是滚动市盈率，计算公式为：滚动市盈率＝股价 / 过去 4 个季度每股收益。滚动市盈率体现的是股票或者指数按照最近连续 12 个月 /4 个季度盈利数据所计算出的市盈率。所以当每个季度的季报发布之后，滚动市盈率计算的盈利数据就会进行一次刷新。有人会问："为什么上周我看这个指数的估值还是在低位，怎么在市场并没有涨的情况下，这一周它的估值就已经变高了这么多呢？"其实这一般都是因为季报出炉，刷新了盈利数据。如果盈利数据下降，哪怕股价（指数点位）没有变化，PE（TTM）也是会变高的。

TTM 是我们平时一般采用的 PE 估值数据，我的公众号中每周所提供的 PE 数据也都是 TTM 数据。

除了滚动市盈率 TTM 之外，还有静态市盈率和动态市盈率。

静态市盈率＝股价 / 上一个自然年度的每股收益。从计算公式可以看出，静态市盈率是根据年报数据来计算的，所以主要缺点就是滞后性。

动态市盈率＝股价 / 本年度预估的每股预期收益，是动态市盈率股票现价和未来预测利润之比。"预测"是根据过去利润来进行的，由于有些企业的生产经营会有很明显的季节周期和波动，所以基于预测值得出的动态市盈率作为投资参考时会存在着不足。

我们再来看看 PB，在 Wind 的界面中，我们所看到的 PB 也有一个角标"LF"。

其实和 PE 类似，PB 是根据净资产数据来进行计算的，所以采用什么时间的净资产数据就成为很重要的问题。

LF 是 Last File 的缩写，意思是"最新公告"，这就意味着计算市净率 PB 的净资产数据采用是上市公司最新公告中的数据。

除了 LF 之外，还有 PB（MRQ），MRQ 是 Most Recent Quarter 的缩写，也就是最近一个季度数据。

大多数情况下 LF 和 MRQ 的数据是一样的，但是因为上市公司也会发布简式权益变动公告，涉及净资产数据的变动，这个时候两者就会产生差异。

在投资实践中，我们一般采用的都是 PB（LF），我的公众号所提供的估值数据也是采用的 LF 数据。

好了，说了这么多之后，大家可以打开手机上或者电脑上的股票行情软件，找找看 PE 和 PB 数值。如果找到了，那么我要恭喜你，你已经开始进入进阶投资的大门了，至少以后你在选股票或者进行指数投资的时候可以开始关注标的的估值到底是多少了。

Chapter 3

估值分位和进阶定投的纪律设定

最简单的定投做法就是每期都保证扣款金额不变，这样子只需要长期坚持下去。如果选择的定投标的本身没有大的问题、长时期来看能够持续上涨，那么最终经过波动之后，平摊成本的定投计划，往往最后都能够获得一个比较理想的投资结果。

但是在连续下跌的行情中间，比如说过去的三年多，很多人是从市场的最高点开始做定投，然后一路定投到市场下跌的最低点，心态基本上接近绝望，很少有人能够坚持下来。而且正像前文所说，定投是有钝化效应的：随着扣款的金额越多，手中所持有的基金份额越多，那么后面每期扣款对于降低持仓成本的效果将会越来越小。也就是说，降低成本的边际效应是在下降的。

大家肯定就会有这样的想法：我们的定投能不能在基金便宜的时候买多一点，然后在贵的时候买少一点呢？如果能够这样操作，那么相对于普通定时定额的投资，最终能够取得的投资效果肯定是会更好一些的。

我们在上一节中所讲到的估值就是用来衡量投资标的及市场便宜与否的依据。

但是单纯以估值（PE、PB）的数据高低来衡量指数当前的投资价值也并不是完全合理的。

因为指数本质上是符合某些规则的证券的平均价格，不同指数成分股的构成不同，使得指数与指数之间直接进行 PE、PB 值的比较是没有意义的。

比如科创板和创业板指数，由于这两个板块上市的公司很多是成长赛道新兴产业的初创公司，未来这些公司可能会有很高的成长空间，就好像是一个青少年，未来的成长空间可以说是无限的，因此这个时候市场资金就愿意根据这个成长的潜力而给更高的估值，PE、PB 值都会更高一些——这本质上就是投资者愿意承担更大的价格风险来等待未来可能存在的更大投资回报。

而像上证 180、沪深 300 这些大盘蓝筹风格的指数，其成分股主要是比较成熟的大公司，由于商业模式、行业竞争格局都已经比较稳定了，所以这些公司往往能贡献稳定的现金流回报。但相较而言，未来的成长空间比较有限，因此它们的 PE 和 PB 值不会太高。就好像一个中年人，从事什么样的工作、能力如何，基本上已经定型了，不会有大的变化，但是他能够稳定地赚来工资收入。

所以我们在评价某个指数到底是贵还是便宜的时候，建议大家不要仅仅用 PE、PB 的绝对值去进行比较，而是要引入另外一个更加有效的指标——估值分位。

所谓的估值分位就是"自己和自己比"。

比如说沪深 300 指数现在的 PE 值和过去五年每个交易日它自己的 PE 值相比，是处在一个什么样的位置，这个就叫做分位数，分位指的是"百分位"。

而说到分位数就必须要引入取值的时间范围。估值分位的本质就是看某一个证券（股票）或指数当前的 PE、PB 值和过往某个时段里它自己的最高值和最低值进行一个相对的比较，看现在到底是处在一个怎样的相对位置。

我们举个简单的例子：有一个学生在过去的这一年中间参加了很多次考试，最低分考了 60 分，最高分考了 100 分。我们先把过去一年中他的最低分 60 分到最高分 100 分之间这四十分的区间构建成 0 到 100 的区间。

如果下一次他考了 60 分，也就是落在了这个区间的最低位置，所以他这次考试的分位就是 0%，也就是最低分位；而如果他考试考了 100 分，达到了整个区间的上限，那么这个时候我们就说他这一次的考试是考了 100% 的分位，也就是最高分位。

那如果他考了 90 分，这个分数的分位应该怎么算呢？

$$\frac{90-60}{100-60} \times 100\% = 75\%$$

所以 90 分这一次的分位数是 75%。

计算分位数的公式是：

$$\frac{当前值-区间最低值}{区间最高值-区间最低值} \times 100\%$$

从公式可以看到，**对分位数有重要影响的是区间最低值与区间最高值这两个数据**。

如果上面这个考试的例子，过去一年他的最低分是 70 分，最高分是 120 分，那么考 90 分的分位数就变成了：

$$\frac{90-70}{120-70} \times 100\% = 40\%$$

好了，我们重新把这个概念拉回到估值中间来。

当我们计算估值分位的时候采用的是过去三年的数据，因为行情一直都不好，所以 PE、PB 一直都处在比较低的位置。在经历了 2024 年过年之后的市场反弹，我们看现在的这个估值数据在近三年内就有可能处在一个相对比较高的位置。

但是如果我们在计算估值分位时采用的是近五年的数据，这个区间就把 2020—2021 年行情很强的高估值数据纳入了整体的计算范围之内，那么就意味着区间的最高值会很高，所以同样 PE、PB 在近五年区间中间最终算出来的估值分位就会更低。

而如果我们再把统计的时间周期拉长到近十年期，这就会把 2015 年当时那一波牛市的数据也包括进来，这就意味着区间估值的最高点又会变得更高一些，而在这种情况之下，计算出来的 PE、PB 的分位数就会更加低。

所以同一个实时的估值数据，如果放在不同的时间区间中去计算，最终得到的估值分位有可能差别会非常大。

同样的一个 PE、PB 数据，你会发现它近三年的估值分位是高估，而近五年的估值分位是正常估值，近十年的估值分位，却有可能是低估。

所以大家在看估值分位数据的时候，一定要关注一下这个数据所取的时间区间到底是多长。

那到底多长的区间才是比较合理的呢？

其实这个问题没有定论和完全准确的答案。

近三年的估值，我们可以说它是一个短期的估值。但是过去的三年多，因为行情非常的差，整体估值都很低，市场稍微涨一点点，有可能你就会发现你所关注的指数估值分位已经到达了一个高估的区域——那这个时候真的投资风险就很大了吗？其实未必，因为整个市场的估值都仍然处于低估值区间。

而如果行情已经连续走了几年的牛市，整体估值都已经很高了，之后略微波动一点点，你就会发现你所关注的相关指数估值分位已经到了一个低估的位置——但这个时候要把投资定义为安全性高并不合适。

所以我的建议是：大家没有必要过多关注短周期的估值分位，比如三年

以内的估值分位，我觉得参考意义并不大。看估值分位至少要看到五年，至少能够覆盖一次完整的牛熊转换行情，这样的估值分位数据会更加客观，对于投资决策的参考价值也会更大一些。

而以 A 股过往的历史数据来看，需要七到八年时间完成一次完整的牛熊转换。所以我建议大家可以多关注近五到十年这一个周期段中间的估值分位数据。

好了，我们现在就可以根据估值分位来制定调整定投金额的纪律了。

比如说我定投沪深 300 指数基金，主要参考近五年的 PE 估值分位数据来制定投资纪律。

我会先按照沪深 300 指数近五年以来的 PE 估值分位数据来确定多少算是低估和高估。

确定估值是一个非常主观的事情，你可以说 70% 分位以上就算高估，也可以说 90% 以上才算高估。

我自己会将 80% 分位以上定义为高估区间，当沪深 300 指数的 PE 估值分位在 80% 以上时，我的定投计划可以设置暂停扣款或者设置为按照正常估值的 50% 金额进行扣款。

而如果沪深 300 指数的 PE 估值分位数小于 30%，那我定义它是处于低估区间，我的定投计划可以设置为比正常扣款多 50% 或者加倍扣款。

而如果沪深 300 指数的 PE 估值分位处在 30%～80% 之间，那么我定义它为正常估值。

在正常估值的区间，就是正常地定投扣款。

我们可以再细化一下，于是就有了下面这个进阶定投的纪律表格（表3-9）。

表3-9

估值分位区间	定投扣款金额
0～10%	加倍扣款
11%～30%	扣款增加50%
31%～80%	正常扣款
81%～90%	扣款减少50%
91%～95%	停扣
95%以上	止盈赎回（结合前文介绍过的收益率止盈）

通过这样简单纪律的设定，我们就能够比较有纪律地做到在指数估值很贵的时候少买，甚至不买；而在指数很便宜、跌到低谷的时候多买，甚至翻倍买。

本书前面章节有给大家介绍如何给亏损基金进行补仓，中间就提到过当目标指数的PE估值分位处于10%，甚至5%以下这样极低位的时候，就可以采取网格手动补仓的策略使我们通过"便宜的时候多买"来拉低我们整体的持仓成本，最终实现早日回本及盈利的目标。

Chapter 1

指导投资的利器
——股债风险溢价指标

在投资中，虽然我们一般强调的是长期投资、价值投资，但在我国资本市场仍然处于初级阶段的现在，市场的波动确实是比较大的。频繁的波动频率和巨大的波动幅度使得绝大多数新投资人总是会在市场阶段性高位被赚钱效应吸引进来，然后被深深套牢。人性的弱点使得大家都希望能够在短期内通过择时获得丰厚的投资收益，最终的结果却往往事与愿违。

前面所讲到进阶定投中的各种方法，其本质就是通过一些市场中的数据指标来判断市场所处的阶段和位置，再通过这些判断来对定投进行扣款金额的调整，以期达到低位买得更多、高位逐步少买、风险位尽量不买的操作效果，并最终提升投资收益。

那么除了 PE、PB 这两个常见的估值指标之外，还有一个指标从历史上看能够比较准确地描述市场机会与风险，这个指标就是"股权风险溢价"（Equity Risk Premium，简称 ERP）。

股权风险溢价指的是具有市场平均风险的股票收益率与无风险收益率

的差额。

大家可以这样理解 ERP 指标的含义：我们的每一分钱在市场中都有可以不用承担风险而获取收益的投资方法，比如进行国债投资。所以一般情况下国债的收益率就会被当成市场上的无风险收益率。而进行股权类的投资，大家是冒着投资亏损风险的，并不一定能够保证赚钱，所以进行这些风险类的投资，大家自然会要求所投资的资产能够贡献超过无风险收益率的额外收益——这个超过无风险收益率的额外收益就会称为"风险溢价"。而股权风险溢价被大家习惯性地叫做"股债风险溢价"。

股债风险溢价是一个相对估值指标。

前面所讲的 PE 和 PB 都是针对股票资产本身而言的估值，所以这些叫做"绝对估值指标"。而股债风险溢价，顾名思义，是比较股票类资产和债券类资产（国债）之间的相对投资价值，因此这个指标叫做"相对估值指标"，它同时受股票和债券两类资产价格变化的影响。

股票资产的投资年化预期收益率 =1/PE，相当于是市盈率的倒数。因为市盈率 = 股价 / 每股盈利，市盈率的倒数 = 每股盈利 / 股价，是不是刚好就是描述了用当前价格买入股票能够获得多少的盈利？

因为在本书中我和大家讲的是基金投资，所以谈到估值不会去讲某一只具体股票的估值，更多地是讲到指数的估值。现在我们用万得全 A 指数的数据来做一个例子说明如何计算指数的股债风险溢价。

图 3-10 是万得全 A 指数的五年期 PE 数据。我们可以看到图中所显示

的万得全 A 指数当下的 PE 为 16.25（倍），所以我们先计算万得全 A 指数的预期年化收益率：

1÷16.25×100% ＝ 6.15%。

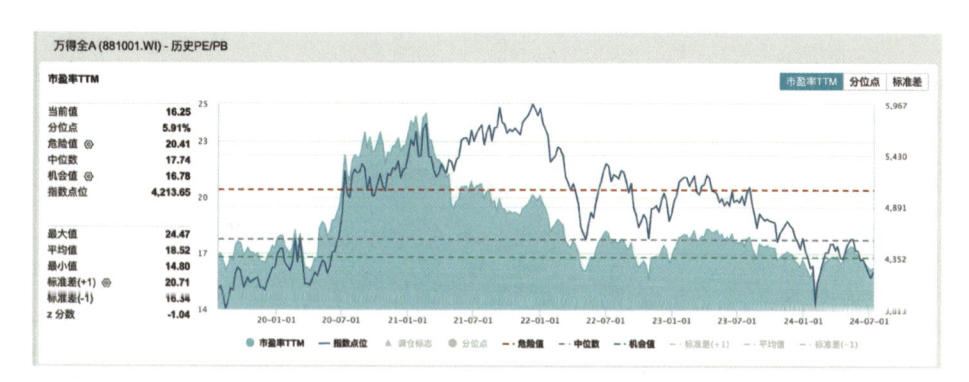

图3-10

接着我们再来看中国 10 年期国债的到期收益率数据为 2.2568%（图3-11），取两位小数为 2.26%。这个值的意义就是持有 10 年期国债一年可以获得的预期收益。

图3-11

现在万得全 A 五年期的股债风险溢价为：6.15%－2.26%＝3.89%，约为 3.90%，意味着按照现在 A 股的 PE 估值水平，持有万得全 A 一年的预期收益率能比 10 年期国债高 3.90%。

从计算股债风险溢价的过程中，我们可以得到一个非常清晰的结论：股债风险溢价的值越大，意味着股票类资产相对于国债的相对收益率越高，说明股票更具有配置的性价比。

当然，和前面所讲的一样，单纯看绝对值大家不会有什么感觉，我们还是来看一下分位数情况。

从图 3-12 中我们可以看到 3.90% 的股债风险溢价位于五年的 98.43 的百分位。因为这个值是越高越好，所以说明按照图中的这个时点来看，股票类资产具有非常好的配置性价比，值得更多的配置。

图3-12

从图 3-12 中，我们可以清晰看到近五年股债风险溢价分位的变化情况，阴影部分越高，代表分位越高，说明股票资产相对于国债的配置价值越高，这个时候应该加大对股票资产的配置，降低债券资产的配置；而阴影部分越低，代表分位越低，说明股票资产相比国债而言配置价值越低，这个时候应该减少股票资产的配置，加大债券资产的配置。

大家可以看图中被我用圆圈圈住的位置，这是过去五年中股债风险溢价分位最低的时段，时间是 2021 年的 1 月末 2 月初。根据数据所揭示的信息，当时我们应该卖出股票类资产，加大对于债券类资产的配置——大家可以回想一下那个时点发生了什么。千亿明星基金经理被捧上神坛，百亿爆款基金层出不穷，抖音、小红书上到处是教人如何通过基金和股票赚钱的网红博主……市场情绪最疯狂的时候，数据告诉我们就是股票资产最不值得去投资的时候。

而图中被我用方框框住的位置，是过去五年中股债风险溢价分位最高的时段，说明这是最值得去买入股票资产的时点，大家可以对照着看看是不是准确。

股债风险溢价分位我们可以用 20%～30% 作为风险线，80% 作为机会线，当位于 20% 或 30% 分位以下的风险区间时，减少定投的扣款，加大定投的止盈力度；而在 80% 以上的机会分位时，加大每期扣款的金额，在股票类资产便宜的时候买得更多。